Proprietà letteraria riservata
© Paolo Gambi
ISBN: 9781549664441

Tutti i diritti sono riservati all'autore.
Ogni riproduzione, totale o parziale e ogni diffusione in formato digitale non espressamente autorizzata dall'autore è da considerarsi come violazione del diritto d'autore e pertanto punibile penalmente.
Questa è un'opera di fantasia. Nomi, personaggi, luoghi ed eventi narrati sono frutto della fantasia dell'autore e sono usati in modo fittizio.
Qualsiasi somiglianza a persone reali, viventi o defunte, eventi o luoghi esistenti è da ritenersi puramente casuale.

Paolo Gambi
intervista
ETTORE GOTTI TEDESCHI

MAMMONA
Basta una Ferrari per dirsi ricchi?

Introduzione

Personalmente faccio vita molto parca: ho ciò che mi serve e sono felice di dedicare il mio tempo ai miei libri, alla crescita personale e a tanti viaggetti. Non ho mai avuto la grande ambizione di diventare estremamente ricco, di sbattere in faccia alle persone che incontro un Rolex Cronograph 1942 da un milione di euro, di spendere 50 mila euro sciabolando dello champagne in discoteca, o di andare da un campo da golf all'altro in elicottero. Forse perché non ho sangue russo.
Ma a furia di vivere in Italia e di essere esposto ai suoi sogni, e ai suoi incubi, ho deciso di scegliere un sogno consono a questa parte della mia identità italica. Ed è un sogno da ricco. Anzi, da "nuovo ricco", da "parvenu", da arricchito dell'ultima ora. Ed è il sogno della Ferrari. Mi immagino a rombare sul prodotto più genuino dell'ingegno italiano, a rincorrere i miei pensieri per strade che si lastricano d'oro al mio passaggio. Mi immagino a raccogliere quel misto di ammirazione ed invidia che questi pezzi di metallo roboanti suscitano in chi li vede. E mi immagino ragazze straordinariamente belle che salgono e scendono dalla mia vettura. Ecco, così allora mi sentirò davvero italiano.
Solo che, inseguendo questo sogno che non mi appartiene, ho guardato sul sito della Ferrari e quella che costa meno sfiora i 200 mila euro. Visto che "carmina non dant panem" e alla fine io resto un piccolo scrittore su una piccola, ma splendida, isola come Malta, devo trovare qualche altro modo

per rendere questo sogno realtà. Come funziona Mammona, l'antica divinità del danaro?

Avendo il privilegio di un amicale accesso diretto ad uno degli economisti più originali, nel pensiero e nelle idee, dello scenario contemporaneo, in più banchiere di professione ma anche intellettuale cattolico, come Ettore Gotti Tedeschi, ho voluto approfittarne, per me e per il lettore, per cercare di carpire i segreti che stanno dietro al danaro. Ho voluto cercare di approfittare di Gotti Tedeschi per scoprire come funzionano i soldi e come potrei anche io farne abbastanza da poter comprare questa benedetta Ferrari che i media mi hanno messo nel cuore condita di desiderio.

O almeno questo è il gioco con cui voglio condurre il lettore e la lettrice in un viaggio nel mondo dell'economia, che spero venga resa in questo modo più accessibile. Quello che è certo è che alla fine della lettura, al di là dello scherzo, sarà stato svelato un volto decisamente inedito di quel qualcosa che ci passa tutti i giorni fra le dita e che scorre imperioso nelle nostre vite. Il danaro. E con esso tutto il mondo. E chissà che non avremo fatto, insieme, qualche grassa risata.

Le mie domande sono deferentemente scritte in corsivo, piegate come in un inchino. Le risposte di Gotti Tedeschi sono invece orgogliosamente dritte come dei fusi.

Paolo Gambi

Economia

Caro Presidente grazie per aver accettato questo dialogo. Io inizierei subito "a bomba" con una domanda secca: che cos'è l'economia?
Quale? Quella vera, quella falsa, quella dei premi Nobel, quella del buon padre di famiglia? Quale?

Quella per fare i soldi
Lei è proprio ossessionato dai soldi

Spero mi perdonerà, ma le svelo subito che se l'ho disturbata è solo perché ho il desiderio di comprarmi una Ferrari. D'altra parte vivo in una società in cui i modelli di riferimento sono Flavio Briatore e Gianluca Vacchi.
E chi è Gianluca Vacchi, scusi?

Uno che usa instagram per far sapere a tutto il mondo che è ricco. Parlando di economia quali grandi nomi vorrebbe far risuonare? A chi dobbiamo guardare per capire che roba è?
Anzitutto mai conosciuto uno che vuol far sapere al mondo che è ricco, pertanto è un archetipo a me sconosciuto. Devo anche ammettere che se qualcuno vuole far sapere che è ricco deve avere un obiettivo. Questo può essere quello crearsi una immagine per raccogliere consensi e soldi per qualche progetto, esser cooptato in qualche ambiente esclusivo, trovare moglie (o marito), fare del cinema... I ricchi che ho avuto il privilegio di conoscere non esibivano la cosiddetta ricchezza.

Prima però di "fare nomi" di chi ha creato ricchezza mi pare necessario spiegare cosa è la ricchezza economica. Detta ricchezza non deve esser confusa con la vera ricchezza, quella in virtù o spirituale. Vede, sono convinto che sia più accessibile acquisire quella spirituale, ma sia più difficile riuscirci. Acquisire quella materiale è più facile che acquisire quella spirituale, mi creda. Ho però conosciuto alcune persone che possedevano entrambe. Ma non farò nomi.

Sì ma presentandomi come persona ricca in spirito e virtù, il concessionario me la dà la Ferrari?
Se il concessionario è un uomo buono e la conosce, chiama suo padre. Se lo è un po' meno chiama i carabinieri. Se fosse uno come me chiamerebbe un bravo sacerdote, magari esorcista, per farla confessare e poi magari decidere se portarla da uno psicologo.

Ho capito che qui la faccenda si fa complessa. Allora mi conceda un po' di basi. Mi introduca all'economia lei.
Sa quante introduzioni all'economia son state fatte da quando tutti vorrebbero capire cosa è?
Le do una risposta questa volta seria: l'economia è la risposta alla domanda della condizione umana sempre in stato di indigenza, di bisogno. E poiché il rapporto dell'essere umano con il mondo che lo circonda è spiegato dal bisogno, dato che l'uomo non basta a sé stesso, l'economia diventa qualcosa di significativo, persino quanto l'amore, l'affetto, la

capacità intellettiva. L'uomo ha infatti bisogno di affetto e amore, di razionalità e sicurezza, ma ha anche bisogno delle cose del mondo. Ma queste cose l'uomo non le gode consumandole, ma le trasforma in strumenti, perché è così che l'uomo si realizza, operando e lavorando, non solo consumando. E perciò, grazie alle cose del mondo che l'uomo impara ad utilizzare dando loro un senso, l'uomo si realizza umanamente ma anche spiritualmente, riflettendo sul senso delle azioni e quindi sul senso della vita. Certo, è la capacità scientifica che permette all'uomo di generare i mezzi necessari e questo riesce a farlo osservando la natura, conoscendola e poi capendo che i mezzi, la scienza, devono aver un fine, non possono e debbono avere autonomia morale. L'economia, che non è scienza, può a volte diventare segno di contraddizione, se da una parte rinuncia ad aver fini e perciò limiti. Essa può pretendere o promettere di saper soddisfare l'uomo materialmente, confondendolo intellettualmente e spiritualmente. Un grande economista della seconda metà dell'800, William Jevons, arrivò persino a dire che il problema dell'economia è massimizzare il piacere. Ma è un altro grande economista, Alfred Marshall, che all'inizio del '900 spiega, secondo me molto bene, che l'economia, occupandosi della soddisfazione dell'individuo membro delle società, deve tener conto che una persona è ben più di una sommatoria di bisogni, pensieri, emozioni e sentimenti, come la società è ben più della somma di individui che la compongono. Ricordo che fece l'esempio di una cattedrale, che è ben più della serie di pietre da cui è formata. Ecco cosa è economia, per grandi economisti che pensano all'uomo. Ecco perché questa introduzione è scritta seriamente. Quello che segue può esser ora anche più leggero e divertente.

Divertente? In che modo l'economia, quella roba fatta di numeri e bilanci, può essere divertente?
Appena riuscirà a sposare un'ereditiera potrà esser divertente vedere quanto erediterà. Forse. Poi lo diventa meno quando l'ereditiera capirà che l'ha sposata per divertirsi a vedere i bilanci della sua famiglia e che nel frattempo ha ordinato una Ferrari, a nome della moglie e garantendola sempre con i bilanci della moglie. L'economia non diverte, fa riflettere.
Ma l'economia come disciplina si preoccupa, in principio, di ben altro che i miseri squallidi soldini. Credo che nella risposta data all'inizio sia stato un po' troppo filosofo, ritento. La definizione più semplice e scontata che mi sovviene è che l'economia è una serie di attività e strumenti destinati ad esser organizzati per soddisfare i bisogni dell'individuo. Ma la definizione meno scontata è ben più complessa. Quali sono infatti i bisogni di un individuo? Certo sono materiali, altrettanto comprensibili sono i bisogni intellettuali, molto più difficile da intendere e condividere sono i bisogni spirituali. Ciò perché si dovrebbe prima di tutto definire cosa è l'individuo, la creatura. Si dovrebbe riconoscere di cosa è fatto l'uomo, antropologicamente. E qui le assicuro che i consensi sono piuttosto diversi e conflittuali. Per

qualcuno l'uomo è figlio e creatura di Dio ed ha una dignità conseguente. Per altri è il frutto del caos, è l'evoluzione di un bacillo e ne consegue una considerazione diversa. Diversa soprattutto nel tipo di soddisfazione: mi pare evidente che se l'uomo è un animale intelligente la soddisfazione materiale sarà prevalente. Così l'economia diviene una scienza, la seconda più importante dopo la scienza medica e l'economista si sente scienziato se assicura la massima soddisfazione economica. Addirittura aspira al Nobel per l'economia. Una volta scrissi che proponevo il Nobel per l'economia a (San) Papa Giovanni Paolo II per aver scritto la "Centesimus Annus", poi proposi lo stesso riconoscimento a Benedetto XVI per aver scritto "Caritas in Veritate", riconoscendo implicitamente che il maggior economista è il Papa (o un santo), perché lui meglio di chiunque conosce i veri bisogni dell'uomo. E quali sono questi bisogni se non quelli spirituali, intellettuali e materiali, in un mix opportuno ed equilibrato? L'economia non è una scienza, impensabile che una causa determini esattamente l'effetto voluto. Se ricordo bene fu proprio lord Keynes a scrivere che la "mela dell'economia, differentemente dalla mela di Newton, se lasciata cadere non viene attratta a terra dalla legge di gravità, ma fa prima un certo numero di spostamenti per poi finire in un punto imprevedibile". L'errore di considerarla scienza ha ignorato che l'uomo, dal punto di vista economico ha tre dimensioni, tre anime. È produttore di reddito (lavorando), è consumatore (spendendo i frutti del lavoro), è investitore (risparmiando).

Avendolo dimenticato, il grande scienziato dell'economia, ha squilibrato l'uomo economico. Come? Delocalizzando le produzioni nell'ottica di farle costare meno e aumentare il potere di acquisto al fine di farlo consumare sempre più. Ma delocalizzando ha spostato risorse, investimenti e capacità altrove, fino a privare l'uomo della prima anima o dimensione, quella dell'uomo produttore. Ciò perché, nel breve termine quest'uomo ha comperato beni prodotti altrove ed ha investito dove c'era, correttamente, miglior rendimento, finché è però rimasto disoccupato. L'economia, certo, non è una scienza senza contraddizioni per l'uomo.

Quante cose... credo dovrò riprenderle una per una, perché vorrei capirle meglio. Ma visto che a lei piace tanto questo aggettivo le chiedo: l'economia è una scienza morale?
Keynes, che era una persona straordinaria certo, ma non aveva profonda conoscenza di cosa fosse "morale o no", diceva di sì, perché è collegata a soddisfazione di valori. Non mi permetto di dissentire, non potendo farlo vis à vis, ma son di altro parere. Non solo non è scienza, ma è anche neutrale dal punto di vista morale. È chi la usa che la rende morale o no. Perciò perdo le staffe quando sento connotare come "morale" o "etico" qualcosa che deve essere venduto.

Allora mi convinca bene di questi fini che l'economia dovrebbe avere.
Il fine più evidente, come dicevo, è soddisfare

l'uomo. Ciò lo si ottiene producendo il massimo al minor costo e con la maggior efficienza, sprecando meno risorse possibili. Un altro fine sta nel creare benessere affinché si possa fare ricerca, inventare nuove tecnologie, creare ricchezza da investire nella medicina. Creare condizioni per ridurre la diseguaglianza nei redditi e così via. Ma vede che parlando di "fini" che deve avere l'economia, si presuppone che questa sia un "mezzo"? Ed è in effetti un mezzo, uno strumento, necessario ad altri fini, quelli per l'uomo. Questi fini per l'uomo l'economia li consegue se non ha autonomia morale, cioè non è fine a sé stessa, o meglio a suoi risultati voluti, attesi, dichiarati. L'economia è sempre e solo uno strumento neutrale in mano all'uomo, è lui che deve darle un senso, un fine. Se sa darglielo l'economia è un valore, se non sa darglielo l'economia concorre a creare condizioni disagevoli per l'uomo. Quelle condizioni che hanno portato un Papa a dichiarare, erroneamente, che "questa economia uccide". Non è questa economia che uccide, è quest'uomo senza valori che la usa male. Persino per sé stesso.

Sì ma obietterei qualcosa su questa neutralità totale del danaro. Ogni mezzo influenza chi lo usa. In comunicazione dopo McLuhan si dice addirittura che "il mezzo è il messaggio". Quindi una persona che si ritrova in tasca un milione di euro viene influenzata dalla stessa presenza di questo mezzo nella scelta dei fini.
Sono d'accordo che un mezzo utilizzato influenza chi lo usa, se chi lo usa non ha chiara la distinzione

fra fini e mezzi e non vuole, o non sa, dare senso all'uso di un mezzo. È un problema di maturità, saggezza, sapienza che ben due Papi recentemente, San Giovanni Paolo II e Benedetto XVI, hanno ben spiegato in due encicliche: "Sollecitudo Rei Socialis" e "Caritas in Veritate". Contesto la considerazione sulla persona che si "ritrova in tasca un milione di euro" e la contesto da più punti di vista: perché e come si trova in tasca sta cifra? Chi è la persona? Questo milione di euro può averlo guadagnato lecitamente o illecitamente, può averlo ereditato naturalmente o forzando il decesso del *de cuius*, può averlo rubato e così via. La persona, la sua maturità, cultura e senso della vita spiegano la possibilità di influenza del milione di euro sulla natura della persona. È interessante il riferimento a McLuhan perché ci permette di riflettere su più cose anche riferite all'economia. Anzitutto ci mostra perché e come internet stia influenzando nel mondo intero culture e stili di vita, lavoro, svago e le permette anche di intuire come abbia permesso la nascita dei famosi nuovi super ricchi. Ma qual è il messaggio di McLuhan da un punto di vista pratico? È che i media (medium) non sono neutrali, hanno un impatto che supera il contenuto che propongono. Un esempio è un film che impone un'emozione allo spettatore, prescindendo dal contenuto del film che sia sui vampiri, di guerra, d'amore o d'avventura. Rifletta sulla differenza tra il film e il romanzo a cui il film si è ispirato: il contenuto è lo stesso, l'emozione è differente, grazie al mezzo. Pensi poi all'omogeneizzazione culturale o alla velocità della informazione, che rendono possibili i media in quanto tali. Certo la nostra civiltà del XXI secolo è e sarà sempre più influenzata dalla tecnologia disponibile. Per questa ragione Benedetto XVI temeva l'autonomia morale degli strumenti.

Ma perché lei tira sempre fuori il problema morale in economia? Io ho l'impressione che oggi la percezione comune sia che siano due universi perfettamente paralleli ed in nessun modo tangenti. Cioè non più "in amore e in guerra tutto è permesso", ma "per fare quattro soldi tutto è permesso".

L'economia è uno strumento neutro in mano all'uomo. Trovo sia una indagine interessante cercare di investigare come ha fatto l'uomo a snaturarne l'uso fino a farlo diventare dannoso per sé stesso. E qui si deve andare "back to the basic", cioè al peccato originale e poi alle varie diverse eresie che pian piano hanno confuso la Verità ed hanno corrotto la capacità dell'uomo di usare lo strumento economico. Dobbiamo cercare di capire, analizzando le eresie nei secoli, che se oggi ci meravigliamo che l'economia sia così disprezzata, qualche ragione ci sarà pure.

Purché si paghino le tasse, molto è permesso, è vero. Ma proprio perché si è ignorato il problema morale si realizza questo tipo di economia che lei disprezza. È curioso: oggi, in questo mondo, si denunciano da parte di tutti gli effetti, le conseguenze, di ordine morale di un atto economico, ma si disconoscono le cause, le origini morali che l'hanno reso possibile. Persino Papa

Francesco ci casca quando parla di crisi economica, o crisi ambientale, o immigrazione. Ecco perché questo è un mondo che non piace né a me, perché sono "moralista", né a lei "intellettuale professionista" perché non ne capisce le irrazionalità e le contraddizioni. Ma vede, non si deve meravigliare di questa rivoluzione culturale, è infatti la cultura la vera "mammona" corruttrice, non i soldi. Pensi solo a questo esempio evidente a tutti oggi. Fino a ieri, quando l'economia sembrava andare bene, la Chiesa non doveva interessarsene, non doveva moraleggiare su fatti economici, altrimenti guai a lei! Oggi che le cose vanno meno bene, alla Chiesa è chiesto, anzi quasi imposto, di occuparsi solo di economia e non di morale, trasformandosi in una Onlus che si occupa di indigenti e migranti. Intende cosa voglio dire? Anche questo è segno dei tempi: se si è in guerra tutto e permesso, in "amore" oggi, tutto è permesso, se qualcuno riesce a inventarsi come creare posti di lavoro e fornire risorse alle casse dello Stato è "very welcome"!

Mammona. Lei dice che è la cultura, tradizionalmente è il dio del danaro. Per i mistici è il demone dell'avarizia. Ci sono economisti che lei apprezza che ne parlano?
Non credo di aver letto considerazioni su Mammona da parte di economisti. Keynes, mi pare, se ben ricordo, pensava che molti filosofi o intellettuali che si consideravano liberi erano invece influenzati, senza magari sospettarlo, da qualche influente e potente riccone, direttamente o

indirettamente. Anche se poi concludeva che, alla lunga, son le idee forti a influenzare gli interessi, le scelte e il potere economico.

Comunque lei sta dicendo che non sono l'economia, il capitalismo e tutto il resto ad essere cattivi, ma l'uomo che ne fa un uso perverso. Quindi l'uomo contemporaneo. Ma cosa c'è di così perverso in questa società, che per la prima volta nella storia ha creato diritti e libertà per tutti? Non le piace l'uomo libero?

La libertà umana non è esattamente assolutamente libera. Dopo il comportamento di Adamo ed Eva il concetto di libertà assume un significato pericoloso. Ma soprattutto dopo Caino, gli Abele si sono precauzionati... La libertà deve soggiacere a proposte di norme di coesistenza e pertanto si deve porre il problema di accettarle o subirle. Queste norme si chiamavano "Comandamenti". L'orgoglio umano li ha negati liberando così il disordine morale e corrompendo conseguentemente l'uso degli strumenti in mano all'uomo. Dopo la cacciata dal Paradiso terrestre l'uomo conosce la fatica e la sofferenza nel lavoro, lo odia, prova invidia, egoismo, attaccamento ai beni, diventa avido, egoista, indifferente al prossimo e soprattutto diventa "machiavellico", cioè comincia a giustificare l'uso di mezzi cattivi per perseguire fini apparentemente buoni. L'eresia albigese o catara ne è un esempio fondamentale ed è anche esempio di come la storia non sempre insegni dai suoi errori. Oggi la stessa eresia si chiama neomalthusianesimo ambientalista. L'eresia protestante, separando fede da opere, "corrompe" lo spirito del capitalismo (cattolico) e crea la reazione marxista, che genera un'altra reazione, quella utilitaristica, cioè quella che spiega che il valore di un bene è legato alla sua utilità, non al valore del lavoro e genera opportunismo economico. Che progressivamente nega le leggi naturali che ispirano l'economia ed afferma le nuove virtù umane: creare valore, a qualsiasi costo. Ed ora ci troviamo ad affrontare il problema economico conseguente alla crisi di valori morali, avendo creato un mondo globale ingestibile. Che viene considerato "realtà". Premessa, non conseguenza della perdita di valori morali. E questa economia considera l'uomo, anziché disegno di Dio, cancro della natura, dannoso per la stessa economia. Da qui la decisione di ridurre il numero di creature e avviare la decrescita economica. La sfida è gigantesca e sia Giovanni Paolo II (in "Sollicitudo rei socialis") che Benedetto XVI (in "Caritas in veritate") l'hanno ben diagnosticata. E "Lumen Fidei" propone la prognosi, perciò è l'Enciclica meno letta e discussa nella storia.

Quindi a me che voglio capire l'economia ed i suoi mostri e comprarmi la Ferrari, consiglia di leggere dei documenti pontifici. E per salvarmi l'anima quindi cosa devo leggere? Adam Smith?
Bella risposta, degna di lei! Ma si vede che lei non ha letto "Caritas in Veritate" con l'aiuto di un bravo sacerdote o teologo o economista. Considerati alcuni documenti pontifici sarebbe opportuno che lei si facesse aiutare a intenderli da santi uomini che sappiano interpretarli adeguatamente per

evitare il rischio. Leggere Adam Smith le permetterebbe soprattutto di capire il meccanismo della mano invisibile simbolo del *laissez faire*, più che un testo ascetico per salvarsi l'anima. Per questo intento le posso suggerire di cominciare con "Cammino" di san Josemaria Escrivà. Se, come introduzione, volesse una lettura solo provocatoria, che la rimanderebbe poi a quella di un santo, le suggerisco il mio libro uscito poco tempo fa "Dio è meritocratico", ed. Giubilei Regnani. Un manuale per laici per non perdere, o riconquistare, laicamente, la fede.

Ma se vogliamo andare alla radice, mi dice chi ha inventato l'economia?
Scusi, chi ha inventato il mondo? Chi ha inventato l'uomo?

Non lo so me lo dica lei, io qui faccio solo le domande.
Quando il Creatore ha creato l'uomo "ut operaretur eum", affinchè lavorasse, ha di fatto posto le basi dell'economia. Poi dopo il peccato originale ci ha pensato la creatura a snaturare dette basi dell'economia. Basti pensare a Caino che lapida Abele, come accennavo poco fa, perché produceva anziché consumare. Ma non solo, Abele, grazie alle sue capacità di operare, poteva permettersi di ringraziare il Creatore dei suoi doni, immolandogli i migliori armenti. E lo faceva bruciandoli, come era uso, "inquinando" pertanto l'ambiente. Cosa che il Caino, primo ambientalista nella storia, non poteva tollerare.

Quindi ha ragione chi dice che quelli che fanno i soldi finiscono sempre per inquinare e riscaldare la terra?
Scusi, qui veramente non rispondo, ma dove diavolo ha letto sta palla?

Probabilmente in un altro documento pontificio.
Me lo mostri. Se fosse vero la risposta sarebbe persino facile e scontata e non mi riferisco neppure al fatto che le grandi speculazioni finanziarie hanno creato dissesti, drammi, povertà e persino decisioni politiche affrettate e magari anche mal gestite, come una moneta unica europea fatta troppo in fretta per avere una moneta da difendere dalle speculazioni "sorosiane". Il riscaldamento globale è dovuto, ne sia certo, ho informazioni precise su questo, al numero di anime che sono cadute, imprevedibilmente, all'inferno a bruciare, creando il surriscaldamento, grazie alle dottrine gnostiche che han disintermediato negli ultimi decenni quelle dottrine che avevano insegnato a dare senso alla vita ed alle azioni. Pensi alle dottrine malthusiano-ambientaliste che hanno fatto crollare le nascite, distrutto la famiglia, crescere pratiche abortive e stanno preparando l'accettazione dell'eutanasia. Se ciò serve a far soldi, ha ragione lei: per fare (così) i soldi, necessariamente si riscalda la terra, dal di sotto...

Interessante. Ma chi governa l'economia?
Oggi, osservando cosa è successo, verrebbe da rispondere: nessuno. Certo va distinto tra mondo

cosiddetto libero e altri mondi che lo sono un po' meno. Riferendoci al primo mondo, qualcuno più ottimista di me potrebbe rispondere: il consumatore o il produttore. Qualcun altro potrebbe rispondere: lo Stato o sovra organismi governativi. Il Papa probabilmente direbbe: le lobby. Ma tornando alla prima risposta che ho dato, la riconfermo, nessuno governa realmente l'economia, che è soggetta alle modeste capacità di tanti e diversi uomini "corrotti" dal peccato, che non danno senso alle scelte economiche, perché rifiutano che la vita abbia senso. Ohimè!

Scelte economiche... Esiste realmente la razionalità nella scelta economica?
Beh, vi sono casi in cui la scelta è razionale, altri dove lo è meno, altri ancora dove non lo è affatto. Faccio esempi semplici. Nelle scelte di consumi individuali vi sono scelte razionali di base (vestirsi, mangiare) ed altre più emozionali (come vestirsi, come, cosa e dove mangiare). Nelle scelte di una nazione vi sono scelte razionali (lavori pubblici, per esempio) e altre apparentemente irrazionali, come fare una guerra non di difesa. Ma nel più dei casi, sia privati che pubblici, coesistono razionalità ed irrazionalità. Essendo queste scelte fatte da uomini. Se poi questi uomini sono economisti chiamati ad occuparsi di scelte economiche in un governo che ha manifestamente una chiara ideologia e vuole applicarla prescindendo dalla reale opportunità o necessita, ebbene, l'irrazionalità assume forme mostruose.

Però, mi scusi, il ruolo dell'economista non dovrebbe esser quello di metter in guardia dalle conseguenze di errori economici fatti, per esempio, da politiche economiche di governi?

Ma è sempre stato fatto, se non altro perché se c'è un governo c'è un'opposizione e se c'è una politica economica fatta da un governo nasceranno critiche a detta politica espresse da economisti dell'opposizione. Il fatto è che non essendo l'economia una scienza, è difficile dimostrare e controsterzare, convincere o dissuadere. L'empirismo, cioè il tentativo di sperimentare, prevale. È invece vero che l'economista con visione morale dovrebbe fare di tutto per spiegare le conseguenze morali di errori di politica economica che potrebbero produrre danni alla popolazione più vulnerabile, se si realizzassero determinate condizioni. Se, appunto. Se detto economista insistesse nel paventare detti rischi, verrebbe immediatamente connotato come "portasfiga" e messo da parte. Ma lei non crede ciò sia avvenuto in passato? Magari non con la "connotazione" citata, ma con l'esclusione dal palcoscenico dell'evidenza di una idea, o persona? In pratica non sarebbe stato ripreso da nessun giornale o TV. Perché "portasfiga" sono quelli che spesso dicono la verità, ohimè!

Ma allora il ruolo dell'economista si complica. Si può parlare di una forma di responsabilità dell'economista quando formula soluzioni errate che danneggiano l'economia, come è successo?

Sì, se ne può parlare, dopo aver parlato di responsabilità dei politici nell'elaborazione di progetti e di leggi e magari di responsabilità dei preti nella formazione delle coscienze. Lo ripeto, l'economia non è una scienza e gli economisti non sono scienziati. Una scelta economica non produce mai gli effetti auspicati. Secondo me, analizzando la crisi economica ancora in corso, la maggior responsabilità deve esser attribuita ai politici americani, ai regolatori tipo FED, (negli Usa soprattutto) e all'immaturità dell'individuo che cerca solo soddisfazioni materiali grazie a troppi preti che non insegnando più dottrina non hanno fatto sentire loro l'esigenza di soddisfazioni anche spirituali. In tal modo lo pseudo-sviluppo economico negli ultimi trent'anni è stato sostanzialmente consumistico e sempre più a debito. Questo spiega perché è stata la finanza a dominare (anziché l'industria delocalizzata in Asia) e i banchieri sono stati indicati quali responsabili della crisi. In realtà la responsabilità deve esser condivisa tra classe politica e responsabili dell'insegnamento morale. Poi vengono i mali controlli dei regolatori, poi vengono gli eccessi di molti banchieri. Gli economisti son dunque innocenti? Cosa volete che abbiano contato gli economisti se non per giustificare scelte a monte fatte da decisori di tutt'altra scuola e aspirazioni!

Andiamo avanti. Quali sono i trucchi per capire bene l'economia?
Mi verrebbe da dire: 'facendola', ma capisco che è una risposta ambigua.

Lo è. Allora provi a spiegare a me, che non ho nessuna intenzione di farla, cosa potrei fare per capire qualcosa di quello che mi si agita intorno.
Anzitutto dovrebbe cercare di voler lavorare ed assumersi responsabilità, ma con Paolo Gambi questa è una risposta che non funziona. Non voglio sembrare offensivo con la mia controparte in questo serio divertimento, è che lei è un intellettuale. Cosa voglio dire? L'intellettuale non prova simpatia per l'economia, il mercato, la produzione, la banca. Per lui è qualcosa di volgare, plebeo e anche un po' troppo fatto da ignoranti. Per voi intellettuali l'economia è solo una necessità, sgradevole e disprezzabile. La sua vita è fatta da libri e racchette da tennis (o anche mazze da golf?), ma non si pone mai veramente il quesito se lei si sente o no socialmente utile, come lo è chi produce merci o servizi utili. Per lei – volgarità di chi si occupa di economia a parte – chi cerca di fare qualcosa perseguendo anche un interesse personale è un vampiro, avido, egoista. In tal senso mi ricorda alcuni preti o religiosi, piuttosto superficiali, non solo in economia, ma anche in teologia...

Mi sta dipingendo come un orrendo radical chic... E tra l'altro ha fatto tutto lei. Non è che voi economisti non concepite che possa esistere qualcuno – un artista, un aristocratico, un intellettuale – che vive al di fuori della banalità di quelle regole economiche che enuncia? Se proprio devo fare lo snob, mi faccia chiedere: può esistere un mondo in cui non si deve pensare sempre ai

soldi?
Si certo, quello "adveniens", quello che ci stanno preparando, dove non essendoci più soldi da spendere, si tornerà alla aristocratica conduzione del campo da coltivare, rape da estrarre e scambiare con uova. Scherzi a parte, noto una minima contraddizione di chi vorrebbe prescindere dai soldi ma vuole la Ferrari, non ha mai pensato a guidare un trattore con l'aratro incorporato?

Non posso darle torto. Ottima idea, comunque. Bisognerebbe convincere quel Gianluca Vacchi che lei non sa chi è a lanciare la moda.
Ci provi lei. Ma per esser convincenti, bisogna prima esser convinti noi stessi. Conseguentemente insisto nel proporle l'esperienza. Qui da me nel piacentino ci sono i migliori maestri di guida di trattori con aratro, venga e rifletta, potrebbe diventare il "Briatore" della "formula trattore", poi ideare competizioni internazionali fra trattori da competizione, poi arriverebbe a farsi sponsorizzare da chi fa la grana (che so Google, Apple eccetera), diverrebbe ricco, metterebbe su qui nel piacentino sui colli, dove già stanno comprando le ville e i castelli della vecchia aristocrazia decaduta, il "trillionaire", dopodiché, grazie al locale per vip trova moglie, fa figli e finalmente scopre dove sta la vera ricchezza.

Chissà che non ci pensi davvero. Potrebbe in effetti essere una soluzione molto "intellettuale" e radical chic.
Sa però che i famosi intellettuali a cui le si riferisce

erano spesso dei mantenuti? Dal principe, di cui tessevano le lodi, o da una ricca vedova che si impalmavano con la medesima scusa di poter così privilegiare l'intelletto verso il vile, plebeo, necessario lavoro produttivo necessario a mantenersi.

Perché pensa che scriva libri con lei? Speravo di aver trovato un Mecenate che invece di spiegarmi come fare mi regalasse la Ferrari, indispensabile per scrivere i miei prossimi libri.
Non solo non ho mai neanche pensato di regalare la Ferrari ai miei figli, ma neppure la vespa o la cinquecento. Io tutt'al più a lei potrei regalare uno spumante Ferrari - riserva, prodotto dal mio amico Gino Lunelli a Trento (giuro che non mi sponsorizza). No, Lunelli non ha figlie. Le anticipo risposta alla scontata domanda.

Non si preoccupi non cerco una moglie, come lei continua a sostenere, ma una Ferrari. Torniamo allora all'economia. Spread, bond, gain... perché se vogliamo avventurarci nei suoi sentieri dobbiamo iniziare a usare parole inglesi? Non si può capire niente di economia parlando in spagnolo?
Certo, in spagnolo spread si dice spread, bond si dice bond, gain si dice gain. Ecco come si imparano i termini inglesi parlando spagnolo.

Me li dica in russo e vediamo se neanche loro hanno lo stesso amore per la salvaguardia della propria lingua madre.

Anche se sapessi come si dice, non saprei scriverlo. Quello che mi son domandato e ancora mi domando è se i russi conoscono il vero senso di queste espressioni finanziarie "globali". Io spero di si, ma sarei ben d'accordo che facessero di tutto per salvaguardare la propria lingua madre, visto che è una lingua slava ecclesiastica, creata da due santi, San Cirillo e Metodio (due santi bizantini del IX secolo), per evangelizzare i popoli slavi. Suggerirei loro di scoprire anche la storia del loro grande Paese. Prima del 1917.

Cosa si intende quando si dice che esiste un'economia "reale" ed un'economia "finanziaria"?
Quando si vuole sfottere un maniscalco o un fabbro, si dice che fa economia reale. Quando si vuole adulare un finanziere si dice che lui fa economia finanziaria. O è il contrario? Non mi ricordo più. Ma in realtà c'è ancora l'economia reale?

Ecco appunto. Se vuole che provi a darle una risposta io mi spiega cos'è una e cosa l'altra? Spieghi cosa sia economia reale e cosa economia finanziaria a un intellettuale di professione che non sa far di calcolo. Pensi a me, visto che mi definisce tale.
Penserò proprio a lei. Se lei lavorasse e producesse reddito e con questo reddito (dopo averlo generato e risparmiato) lei si comperasse i suoi lussuosi vestiti, racchette da tennis e mazze da golf, lei concorrerebbe a sostenere economia reale. Se invece si indebitasse con le banche, usando vari strumenti di debito, con garanzia naturalmente

data dai suoi genitori, per aver le stesse soddisfazioni, lei concorrerebbe ancora a sostenere l'economia reale, ma promuoverebbe anche l'economia finanziaria. In pratica l'economia reale la potremmo sintetizzare con un termine che lei considererebbe volgare: lavorare per produrre. Essa è produzione di beni (di merci...), comincia con un'idea da produrre, un brevetto magari, l'allestimento di una fabbrica, l'assunzione di operai in tuta blu, un prodotto che esce e viene venduto e distribuito. L'economia finanziaria, oggi magari così disprezzata, è stata inventata per finanziare l'economia reale con danari che l'imprenditore abbisognava ma non possedeva per avviare la sua economia reale. Ciò venne reso possibile quando si accettò la moneta come mezzo di misura e di scambio. Ora, si dice che l'economia reale è prevalente quando non usa eccessivo debito ed è il banchiere che fa la corte all'imprenditore per poterlo finanziare spiegandogli che con i soldi della banca può esser più ambizioso e fare di più e fare meglio. Si dice che l'economia è finanziaria quando si è un tantino esagerato con detto finanziamento e con gli strumenti utilizzati. Ciò, guarda caso, è successo però proprio, progressivamente, negli ultimi cinquantanni, da quando cioè si è sostituita la crescita reale, fondata su una equilibrata crescita della popolazione, con una crescita artificiale, fondata pressoché esclusivamente su una smodata crescita dei consumi individuali e sempre più a debito. E questo sistema genera tentazioni speculative. Quando prevale l'economia reale chi conta è Confindustria, quando prevale l'economia finanziaria, prevale Wall Street. Chiaro?

Direi di sì. Ma ci tengo a precisare, visto che mi ha preso di mira, che non ho mai chiesto prestiti in vita mia. Quantomeno per non avere a che fare con voi banchieri. E mi mantengo da solo come scribacchino da quando sono maggiorenne. Ma passiamo oltre. Quali sono i principi di base su cui si fonda l'economia?
Semplice: saper fare famiglia (ergo Gambi non sa fare, per ora, economia), infatti economia deriva dal greco "oikos" che significa, più o meno " chi si occupa della famiglia". Ora qui una femminista direbbe subito che i principi di base su cui si fonda l'economia sono pertanto quelli femministi. Ma poi come la mettiamo con il "gender"?

Quindi nessun religioso o nessun prete può intendersi di economia perché non ha fatto famiglia?
Al contrario, stia attento. Chi più di un santo sacerdote ha prodotto un numero elevato di figli "spirituali"? Chi più di un santo sacerdote ha saputo insegnare loro cosa è la vera economia e la vera ricchezza? Ecco come un santo sacerdote si occupa di formazione di famiglie, di crescita di sante famiglie e concorre a produrre ricchezza vera sostenibile. Poi ci sono sacerdoti – teologi valenti studiosi di economia, ne cito uno che è stato importante per la mia formazione grazie ad un suo libro "L'uomo e i beni " (ed Marietti), il teologo don Giovanni Battista Guzzetti (1912-1996).

Insomma sta dicendo che se imparo a sparecchiare divento miliardario e posso comprare la Ferrari?
Io non capisco ancora perché lei confonde economia con esser ricco. Poi non capisco come uno che come professione fa l'intellettuale possa pensare di diventare ricco. Che io sappia c'è riuscita solo la scrittrice che ha inventato Harry Potter, o no? Comunque se lei imparasse realmente a sparecchiare concorrerebbe a creare le basi dell'economia domestica, che è stata la base di ispirazione dello sviluppo dell'economia "oikos", ciò perché apprenderebbe, sparecchiando, i principi della organizzazione delle risorse in un sistema economico: suo padre produce (compra) gli alimenti, sua madre li cucina, tutti e tre li consumate, lei sparecchia. Ciò che si apprende nell'economia domestica è il miglior manuale per imparare a stare al mondo in modo organizzato.

Mi pare che neanche altri autori, come Ken Follett, John Grisham o Stephen King se la passino così male. Ma credo che avrebbero fatto meglio e di più se avessero avuto un qualche banchiere dietro a far partire il meccanismo editoriale e commerciale. Comunque quali sono i principali attori del teatro economico?
Il produttore, il consumatore, lo speculatore, i burocrati di stato ….

E che tipo di attori sono? Comici o drammatici?
Nel dramma che lei sta stimolando nella mia fantasia, l'imprenditore – produttore è un eroe, una

specie di Ettore, difensore della patria e della famiglia; il consumatore è una specie di Paride, che consuma ciò che non ha prodotto e guadagnato. Achille è lo speculatore che trae vantaggio da doti o virtù che ha ottenuto impropriamente ed ingiustamente. Nella rappresentazione gauchista tristemente comica invece si confondono i ruoli. L'imprenditore diventa il bieco sfruttatore di mano d'opera infantile, il consumatore, normalmente è dickensianamente affamato, lo speculatore è quello che arriva in Ferrari e salva la sorella dell'affamato. Perché non scriviamo insieme un melodramma ironico ed impopolare su questi temi?

Perché no. Ma nel frattempo chi scrive la sceneggiatura per loro?
Qui risponderò seriamente. La sceneggiatura è scritta da chi ha corrotto l'uomo, privandolo della grazia di dare senso alla vita e pertanto alle sue azioni. È chi ha dato la supponenza di invulnerabilità ad Achille, facendolo sentire talmente invulnerabile da dimenticare il "tallone d'Achille". Oppure è chi ha perso rispetto della dignità dell'uomo e lo sfrutta. Ed è anche chi sfrutta lo sfruttamento dell'uomo per darsi un'attività redditizia. Per intendere bene chi scrive queste strampalate sceneggiature dobbiamo ritrovare la visione d'insieme di cosa è l'uomo dal momento della creazione, alla cacciata dal Paradiso per aver pensato di poter esser come Dio e aver creduto al grande tentatore. Su questa terra, a queste condizioni, la sceneggiatura è contrastata tra due entità, una che ama l'uomo, una che lo odia. Questa

è la condizione umana in questa commedia umana, dove i più assistono come spettatori, senza intendere la comicità o il dramma di chi rifiuta di capire la storia e la sceneggiatura.

Ma soprattutto, qual è il pubblico disposto a pagare per vedere questo spettacolo?
Direi che è lo sceneggiatore capo che da l'illusione agli spettatori di assistere gratis allo spettacolo.

La moneta

Facciamo un salto avanti e addentriamoci in un altro degli argomenti "classici" dell'economia: la moneta. Perché gli americani usano i dollari e gli europei l'euro?
Perché sul dollaro c'è scritto "in God we trust ", poi c'è il "triangolo delle bermude", l'occhio della CIA e Giorgetto Washington. E gli americani credono a tutto. A tutto insieme, naturalmente.
Gli europei invece, anche se in maggior parte credono solo agli americani, non hanno "un euro", credono di avere tanti euro quanti sono gli stati aderenti, così si sentono più ricchi e ognuno ha i suoi simbolini. quello italiano è l'uomo di Leonardo che ha 4 braccia e 4 gambe. Ma è nudo, appunto.

Leonardo o no, non trova che l'euro sia la moneta esteticamente più squallida della storia?
Che vuol dire squallida, brutta? Qualcuno lo apprezza poco per altre ragioni. Estetica a parte quindi, potremmo considerare che è demoralizzante per come è stato costruito, gestito e utilizzato per imporre scelte pseudopolitiche? In tal caso forse non ha torto. Ma se non avessimo l'euro avremmo la lira, che fu "creata " o meglio, ordinata nel 1862, dopo l'Unità d'Italia. Il problema dell'euro è che fu "creato" prima della unità d'Europa, virtualmente nel 1999 e realmente (cioè in circolazione) nel 2002. Solo 5 anni prima del grande collasso economico nel mondo globale. C'è da chiedersi se considereremmo l'euro "squallido"

se non ci fosse stata questa crisi? Io credo di no. E invece apprezzeremmo avere la lira sempre in queste condizioni? Io credo sempre di no.

Ma hanno senso le critiche sulla "sovranità monetaria"?
Altrimenti le barzellette sull'euro come si fanno a concepire?

In Europa la BCE immette liquidità da tempo. Vorrei chiederle qualcosa sulla creazione di moneta da parte delle banche centrali. La creazione di moneta deve servire a finanziare i deficit di bilancio o che?
No, certo, un deficit di bilancio, cioè i disavanzi creati dallo Stato, dovrebbero essere finanziati con emissioni obbligazionarie (cioè con debito) non con creazione di moneta. Semmai la creazione di moneta avviene se la banca centrale deve acquistare questi titoli emessi e collocati normalmente sul sistema bancario. La banca centrale ha il compito di controllare la massa monetaria in circolazione per controllare l'inflazione. Chi provoca le cause del fenomeno inflazione invece? I governi ansiosi di fare spesa pubblica per contentare gli elettori, nella maggior parte di casi. Ma proprio Keynes lasciava supporre che l'inflazione fosse una manovra sovversiva per destabilizzare un paese. Perché l'inflazione modifica le basi di valore di tutti i rapporti economici e sociali sovvertendo il ruolo di chi dovrebbe, perché sa farlo, creare ricchezza, in un ruolo di speculatore sulle conseguenze dello svilimento della moneta.

Chi decide quanto vale un euro?
Rispondendo seriamente, la dottrina economica spiegherebbe che il valore di una moneta è spiegato dall'economia sottostante, nel nostro caso l'economia di ben 19 paesi dell'Unione Europea. Capisce? 19 paesi con forze e debolezze economiche intrinseche completamente differenti. Rispondendo meno seriamente, il dollaro, naturalmente.

E un dollaro chi decide quanto vale?
Soros & co., naturalmente.

E chi sono? E soprattutto chi decide quanto valgono "Soros &co"?
È una specie di "messia", un benefattore "ombra" dell'umanità. Impossibile rispondere in modo chiaro e convincente: quando un uomo diventa così ricco e potente diventa facile bersaglio per attribuirgli ogni sorta di misteri e responsabilità. Certo è un ricchissimo speculatore, noto per il popolo, quando nel 1992 fece "saltare" la Banca d'Inghilterra (da solo?) facendole svalutare la sterlina e convertendosi in ricco, potente e pericoloso finanziere. Ci riuscì vendendo sterline allo scoperto per l'equivalente di 10 miliardi di dollari e riuscì perché la Banca d'Inghilterra, già allora, non era capace di stare in Europa alle regole imposte dallo Sistema Monetario Europeo (SME), controllando la fluttuazione dei cambi e dei tassi di interesse e uscì dal "sistema <serpente> monetario europeo", appunto svalutando. Sempre nel 1992 stava facendo saltare anche la Banca d'Italia,

facendo svalutare la lira. In questo caso ci riuscì vendendo lire allo scoperto, facendo perdere valore del 30% alla lira e facendo uscire anche lei dalla SME. Un benefattore delle banche centrali di fatto e dell'intera umanità, come dicevo. Ma forse c'è di più, Soros è anche un filantropo e un filosofo, seguace di Karl Popper. Come filantropo sovvenziona, attraverso la sua Open Society, tutto ciò che è gnostico: movimenti neomalthusiani, ambientalisti, radicali. Naturalmente. Opportunisticamente sostenitore del nuovo ordine mondiale, ma solo se fa quel che lui vuole. Nelle recenti elezioni americane ha sostenuto Hillary Clinton, prima aveva sostenuto Obama. Basta così?

Neanche per sogno. A questo punto ci deve svelare il rapporto fra il nuovo ordine mondiale e il danaro

Il nuovo ordine si fonda sugli stessi principi del comunismo: controllare dirigisticamente l'uomo nei suoi pensieri e azioni. Controllando l'uomo si controlla l'economia, si controlla la ricchezza, si fanno più soldi.

Quindi lei conferma che esiste un potere economico che influenza i media e la formazione delle opinioni.

Ma per carità! Il potere economico è detenuto da volontari che perseguono il bene comune e mai si sognerebbero di influenzare la pubblica opinione. Per che scopo poi? Per votare partiti politici e fare governi utili? Ma va! I governi non si eleggono più, si cooptano. E se per caso succedesse che venisse eletta una "sorpresa" verrebbe commissariata subito, con le buone o le cattive, come si dice. Forse c'è ancora qualche illuso che pensa che il mercato neoliberista predichi vera libertà economica. In realtà chi lo crede dovrebbe osservare meglio ciò che succede nella contrapposizione dei poteri sul mercato. Dovrebbe intendere cosa sono le lobby che operano presso i governi, dovrebbe cercare di capire cosa sono le imprese transnazionali, dovrebbe comprendere cosa sono e come operano i grandi fondi di investimento in equity. Ma perché dovrebbe farlo? Meglio aggregarsi e chi sembra vincere e offre un impiego, no?

Quindi ammette che ci sono elites che influenzano o governano il mondo?
Queste considerazioni possono esser intuite, sentite dire, lette su qualche libretto complottistico, o grazie all'amico di famiglia ex membro dei servizi segreti che davanti al camini racconta storie. Ma può esser osservato intelligentemente e razionalmente osservando i fatti. La prima cosa che una tale élite deve realizzare per controllare l'opinione pubblica è controllare la cultura dominante perciò l'educazione. Osserviamo cosa è successo in Italia nei processi educativi scolastici negli ultimi decenni. Si è passati, in modo inverosimile e incredibile, peraltro ultracriticato, da un modello educativo fondato sul "sapere perché", grazie agli studi di latino, greco, logica, letteratura, a un modello fondato sul "sapere come", all'americana, fondandolo sui cosiddetti "casi". Rendendo ignoranti in tal modo intere classi di

struttura sociale per decenni, Ora non sanno più il perché, il come è diventato obsoleto e i problemi restano irrisolti. Ora regna disoccupazione, ignoranza, mancanza di idee, turbamento sociale, regresso economico. E così l'accentramento del potere che controlla via net-web dette popolazioni ignoranti, è piuttosto avanzata, no?

Ci sta dicendo che siamo tutti burattini... E dire che nell'immaginario collettivo lei come banchiere viene visto che il burattinaio...
Senta, se lei è un rappresentante dell'immaginario collettivo sta fresco ad arrivare alla fine di sto libro. Io sono considerato banchiere solo perché rappresento in Italia da 25 anni una grande banca fondata e guidata da 160 anni da una vera stirpe di grandi banchieri, forse gli ultimi a fare veramente i banchieri. Basta perciò chiamarmi "banchiere". Tantomeno "burattinaio", ma questo è evidente. Negli ultimi, diciamo, decenni, mi son posto spesso la domanda sul potere dei "banchieri", soprattutto da quando la crescita economica nel mondo occidentale viene "viziata" con una falsa crescita consumistica e sempre più a debito. E se il debito bancario è la risorsa chiave dell'economia è evidente che sia il banchiere ad aver ruolo significativo. Ma mi son posto anche un'altra domanda, parafrasando il detto "viene prima l'uovo o la gallina?": se il potere dei banchieri venisse dalla politica al governo, o se questa fosse voluta dai banchieri. L'impressione che ho tratto osservando con una certa intelligenza i fatti è che questa, così posta, è domanda oziosa, la risposta è molto più

complessa e legata a circostanze, tempi, condizioni. Banchieri (veri) e poteri (reali) sono la stessa cosa, non possono fare a meno uno dell'altro. Ma sopra di loro, o meglio al di sopra, onde evitare sospetti piramidali, c'è una visione del mondo, una religione di potere, che non fa stare in piedi governi o banche solo per i soldi famosi, c'è uno spirito che aleggia sopra tutti, uno spirito di "servizio" a un "ideale". Certo questo spirito si fonda e sollecita gli "spiriti animali" dei banchieri e dei politici, che non fanno quel che fanno solo per ideali. Neppure i crociati facevano le crociate solo per ideali. Neppure gli imperatori del Sacro Romano impero regnavano solo per un ideale. Il peccato originale ha "intaccato" la natura umana: difficile e complesso da capire, quanto l'uomo che pensa di "servire" abbia sempre ben capito chi e cosa sta servendo, oltre che perché. Ma non vado oltre.

E quando non ci sarà più Soros che lei dipinge come burattinaio – perché immagino che neanche con tutti quei soldi si possa comprare l'immortalità – cosa succederà?
Soros, o quel che è, può fare il burattinaio, come dice lei, solo perché si è permesso di trasformare la creazione in un teatro di marionette. La prego di rileggere quanto risposto sopra a proposito della corruzione grazie alle eresie. Il problema resta ancora una volta il seguente: ma chi si oppose a Dio nella Genesi, cosa proponeva all'uomo?

Ce lo dica lei
Easy, proponeva la conoscenza, spiegando all'uomo

che lui sarebbe stato come Dio, sicut Deus.

Ma quindi qual è la soluzione? La soluzione concreta che ciascuno di noi può attuare. Per uscire da questa logica domattina devo alzarmi e...
...e andare a fare gli esercizi spirituali. Suggerisco quelli che hanno cambiato la mia vita verso i 25anni, quelli di sant'Ignazio di Loyola, quelli di una settimana, in silenzio. Sono un "elettrochoc" dello spirito, per la volontà. Chiariscono nel profondo chi sei, che dovresti fare, cosa invece stai facendo, come correggere, perché. Altro che andare dallo psicanalista o dallo stregone. Certo detti esercizi devo esser condotti da un sant'uomo.

La Ferrari mi chiama. Torniamo a parlare di soldi. Arriveremo un giorno ad avere un'unica moneta globale?
Sicuramente quando avremo un Dio unico e globale.

Quindi abbiamo già l'uno e l'altro nello stesso pezzo di metallo?
Non capisco, perché dice "già"?

Perché mi sembra che questo nuovo ordine mondiale il nuovo dio unico lo abbia trovato. È il danaro stesso...
E dai con sta ossessione per il danaro, quello che conta è cosa si fa con il danaro, quali soddisfazioni vengono concesse grazie al danaro. Non è il danaro "Mammona ", tantomeno lo sterco del diavolo. Sia

mammona che lo sterco del diavolo sono la cattiva cultura, la falsa conoscenza, caro mio. Quella che fa produrre male il danaro e lo fa spendere peggio.

In che senso non è il danaro Mammona? Per San Francesco il danaro era precisamente "lo sterco di satana"...

Ah! come gioisco a questa domanda cui sono uso rispondere da qualche decennio. Ricordo che quando era Arcivescovo di Bologna il grande cardinale Biffi rispose proprio a Romano Prodi, che aveva profferito la sentenza: "Il denaro è lo sterco di satana", in questi termini: "ma può servire a concimare i campi di Dio". Ma la leggenda della attribuzione del completamento di questa frase con "...ma può servire a concimare i campi di Dio" va anche a San Filippo Neri e a San Giovanni Bosco, due santi che cercavano continuamente danaro per fare opere di bene, che senza danaro non si sarebbero potute realizzare. Santificando perciò sia l'opera in sé che il danaro usato per l'opera sia - attento! - chi aveva dato questo danaro. Ergo questi santi di ieri ed altri di oggi, sapendo chiedere e ottenere danaro, gli danno un senso e fanno dare un senso alle ricchezze di chi lo ha generato e ben consegnato nelle loro mani. Il danaro è un mezzo, nulla più, dipende certo da come è stato prodotto e che uso se ne fa. Ma veniamo alla lezione vera. Non è vero che il denaro è origine dei mali, è il peccato origine di tutti i mali. Piuttosto è l'amore idolatrico al denaro che produce conseguenze che portano al male. Lo dice anche la Bibbia (1Timoteo 6,10 e Matteo 25, 14). Ma lo dice anche il buon senso:

come può esser un mezzo, uno strumento (come i soldi) a produrre male? Sarà piuttosto chi lo usa, no? Se lo usa male. E perché lo usa male? Perché è avido, egoista disonesto indifferente al prossimo. E perché lo è? Perché vive miseria morale. È la miseria morale che produce ogni altra miseria, anche economica. Lo sterco di satana è il peccato che corrompe l'uomo. Altroché E qui viene il bello: chi se non la "errata cultura" che fa perdere il senso della vita, stimola l'uomo a peccare? Ecco quindi che Mammona è piuttosto questa cultura che allontana l'uomo dalla Verità e lo riferisce, lo fa dipendere, da altre verità. Poche balle!

Ottimo. Ma se siamo così moralmente corrotti perché darci in mano strumenti così potenti come i soldi? Io ad un pazzo assassino non metterei in mano un bazooka...
Anzitutto non ho mai detto che siamo "corrotti" questo lo pensano altre morali religiose. Chi, come me, crede nella Redenzione sa che il bene si può fare, si possono esercitare virtù. Ho solo lasciato intendere che l'uomo è soggetto a tentazioni continue per peccare. Questo lo rende vulnerabile all'uso di qualsiasi strumento, incluso i soldi: può esser tentato a "farli male" e usarli peggio. Questo vale, lo ripeto per qualsiasi strumento a disposizione. Lei mi ha citato i soldi, ma poteva citarmi anche la cultura. La cultura è ben più pericolosa dei soldi, mal utilizzata può produrre danni irreversibili. Lei non metterebbe in mano, ha detto, un bazooka a un pazzo assassino. L'equivalente logico per i soldi dovrebbe esser

(avendo identificato il soggetto, nel suo caso un pazzo assassino) di metterli in mano a uno scialacquatore, corruttore, speculatore eccetera. In mano ad un soldato, equilibrato, che difende la patria, il bazooka è uno strumento buono, se ben usato, così come i soldi in mano ad un benefattore dell'umanità che vuole il bene comune, o più semplicemente in mano a un qualcuno che crede nella solidarietà.

Facciamo allora un altro passo in avanti nel cercare di capire come funziona questo strano mondo dell'economia. Cos'è il forex?
È il fondamento del PIL britannico, quello che consente al babbo di Carlo d'Inghilterra di finanziare gli ambientalisti e il WWF. Rispondendo seriamente, in realtà è il mercato interbancario delle valute e Londra è la maggior piazza.

Possiamo ampliare un po' la risposta e spiegare a uno zuccone come me cosa sia questo forex di cui parla tanto la pubblicità?
Forex è l'abbreviazione di "Forex Exchange" ed è utilizzato per fare trading – acquisto, vendita, speculazione – sui mercati valutari. Dopo la spiegazione precedente di Soros, è più facile anche per lei, capire il forex. Se un Soros (quale trader che fa forex), nel 1992, fosse stato informato riservatamente, oppure per ragioni tecnico-politiche, avesse previsto che la sterlina avrebbe perso valore (diciamo del 10%) sul dollaro, avrebbe venduto allo scoperto sterline e comprato dollari. Se la sterlina avesse poi perso valore, svalutando

come abbiamo visto e con i dollari comprati prima, avesse poi comprato sterline a sconto avrebbe guadagnato un 10%. Caro Gambi, poiché credo che il suo interesse sul forex e su Soros, sia legato alla sua speranza di comprare la Ferrari, desidero metterla in guardia. Una valuta può esser oggetto di perdita o crescita di valore verso un'altra valuta e pertanto permettere di guadagnare facendo minispeculazioni sul forex, grazie a instabilità politica del paese della valuta o grazie a fatti economici significativi. Se lei pensa di riuscire a provocare instabilità politica o fatti economici significativi, faccia pure e diventerà un Soros, altrimenti deve accontentarsi di guadagnicchiare una volta e perdicchiare la successiva.

Veramente contavo mi potesse dare una mano lei.
Vedrà che se si impegna e riesce a far vendere un milione di copie di questo libro (di cui le regalo i diritti di autore), anche lei diventa ricco. Si compra la Ferrari, un appartamentino a Monaco e va a giocare al Casinò. Diventando povero in una settimana. Così è.

Sì poi Soros mi querela e io finisco a fare l'artista di strada. Comunque ha veramente una visione degli intellettuali come dei trogloditi da Jersey shore...
Non ho la più pallida idea di cosa sia, non vedo i serial o reality americani come fa evidentemente lei. Guardi piuttosto i Promessi Sposi a puntate.

Quindi alla fine dobbiamo dare retta alle pubblicità che ci promettono di diventare miliardari con il forex?
Se la pubblicità la fa Soros, ci si può pensare.

Ultima domanda in questa parte sulla moneta: hanno senso esperienze come bitcoin o altre monete elettroniche?
Scusi, risponda lei prima alla mia domanda: ha senso il movimento 5 stelle?

Se io fossi Beppe Grillo lo avrebbe eccome.

L'impresa e quelli che fanno i soldi

Facciamo un salto e andiamo a capire un altro aspetto dell'economia che potrebbe farci arrivare alla Ferrari: l'impresa e quelli che fanno i soldi. Io inizierei da una parola tanto breve quanto emblematica: il PIL. Chiariamo allora cos'è e perché è tanto importante.

Intende il Prodotto Interno Lordo suppongo. È una misura convenzionale che esprime il valore della ricchezza prodotta all'interno di un paese, da parte di qualsiasi operatore, attraverso la produzione di beni e servizi. Si dice "lordo" perché devono esser sottratti gli ammortamenti o deprezzamento dell'uso degli investimenti fisici necessari a realizzarlo. Si calcola sommando i consumi interni, gli investimenti interni e le esportazioni. Il PIL misura, comparandolo nei tempi, la capacità economica di un paese a produrre ricchezza. Può essere considerato a livello nazionale, come a livello individuale (pro-capite) dividendo il PIL nazionale per il numero di abitanti, così esprime l'indice di ricchezza, di soddisfazione economica. Poiché è evidente che rappresenta un indice assimilabile al famoso pollastro prodotto ma diviso per due persone o per dieci persone, il PIL è il pollastro, il PIL pro- capite è metà pollastro o un decimo di pollastro. Allora qualche "beato" ha proposto di cambiare il PIL in altri indicatori meno economici, il più famoso, che io sappia, è il FIL (indice di

Felicità Interna Lorda). Mah!

Chiariamo alcuni termini: impresa, azienda, industria, "corporation". Cos'è un'impresa?
È l'attività dell'imprenditore. È una, diciamo, istituzione creata per produrre ricchezza e distribuirla. Per riuscirci deve saper organizzare le proprie risorse. Pertanto è l'organizzazione del capitale, lavoro, idee, brevetti, eccetera, necessari per produrre beni e servizi che si possano vendere sul mercato e generare fatturato e profitti.

E una azienda?
Azienda è la connotazione giuridica dell'impresa, cioè l'oggetto di diritti-doveri di quel patrimonio o complesso di valori (attivi e passivi) che sono necessaria all'impresa per operare.

E un'industria?
Questo termine descrive il mestiere dell'impresa, cioè quello che fa dal punto di vista di trasformazione industriale (non artigianale in pratica) per creare beni, merci, da vendere.

E una "corporation"?
È un termine anglosassone che identifica le nostre società di capitali, le nostre SPA (società per azioni) per intenderci.

Profitto. Che cos'è? Di quanto ce n'è bisogno e quando finirà la smania umana a volerne farne sempre di più?
La definizione accademica del profitto riguarda ciò

che rappresenta il compenso dell'imprenditore per il fatto che opera investendo e prendendo una serie di rischi. Ma profitto è anche la misura della capacità imprenditoriale verso i concorrenti. Certo il profitto non è il risultato etico di questa capacità. poiché il profitto si può ottenere anche con mezzi illeciti, per esempio corrompendo, truffando, falsificando i bilanci, eccetera.

Ma celiando rispettosamente, profitto è quella cosa che papa Francesco sembra disprezzare, tranne quando Galantino gli fa vedere gli introiti dell'8 per mille. Profitto è quella cosa generata dai giornali, libri, gadget, che parlano di papa Francesco e Galantino.

Papi a parte, in che modo l'impresa crea ricchezza?
Facendo l'impresa privatamente, con criteri competitivi e meritocratici, altrimenti crea povertà.

In che senso? Dia una risposta più dettagliata per gli zucconi come me.
In questo senso: il privato investe i suoi soldi per creare ricchezza. Se la crea, lui stesso guadagna altri soldi e ne fa guadagnare ad altri, se perde li perde lui. Così almeno dovrebbe essere. Lo Stato invece, se crea o acquisisce una attività economica, lo fa per scopi sociali ed il costo di questa imprenditoria innaturale diventa tasse che pesano sulla collettività e confonde il mercato stesso con una concorrenza sleale e prezzi falsati. C'è poi il caso di sistemi di economia mista (Stato-privato) dove al privato viene concesso il privilegio di stare sul mercato

poiché in tal modo mantiene lo spreco prodotto dall'economia gestita dallo Stato. Questo è stato il caso italiano dal dopoguerra. Intorno al 1990 a Lione cenai con uno dei maggiori imprenditori privati francesi (Francois Michelin, quello dei pneumatici), che mi diede una lezione memorabile, spiegandomi che in Francia, differentemente da "altri paesi", l'imprenditore privato era anzitutto francese e lavorava anche per la grandezza della sua nazione, mentre l'imprenditore pubblico gestiva l'impresa pubblica come fosse stata privata, per la medesima ragione. Entrambi creavano ricchezza.

Proprio come in Italia...
Si, ma lei non lo può sapere giocando a tennis o a golf tutto il dì e quando sente o simula la ricerca di pace e tranquillità, se ne va nella sua villa all'Elba. In Italia abbiamo avuto imprenditori equivalenti, o persino meglio, di quello citato. La grandezza del nostro paese è anche dovuta a geniali imprenditori italiani che han generato valore in tutto il mondo. Poi si decise che lo Stato era più bravo, equo e giusto del privato e si produsse un'economia mista che piano piano indebolì la parte privata. Poi si arrivò alle privatizzazioni della parte pubblica e lì inizia la fine.

E in questo contesto, cosa sono monopolio e concorrenza?
Diciamo che la concorrenza, quando è vincente, tende a conquistare il monopolio di un mercato.
Spiegato semplicemente, molto semplicemente, allo "zuccone", il monopolio è una condizione in cui un

bene o un servizio è offerto esclusivamente da un'unica entità e non esiste possibilità di riproducibilità di questa offerta. Normalmente si pensa subito al monopolio di Stato, in realtà si creano condizioni di monopolio anche grazie a barriere tecnologiche (monopolio limitato nel tempo naturalmente, poiché la tecnologia si copia) limitazione o ubicazione di certi fattori produttivi naturali (che so, acqua, o miniere) oppure grazie a leggi (brevetti per esempio, o il numero di farmacie). Certo è che il monopolio (naturale, legale o politico) si oppone alla libera concorrenza che crea un'offerta che in qualche modo compete nella qualità o nel prezzo. Di fatto nel monopolio un'unica entità (non la chiamo impresa) controlla la quantità offerta di un prodotto/servizio e conseguentemente il suo prezzo. Libera concorrenza è proprio il contrario di monopolio: in tale situazione nessun operatore è in grado di influenzare il mercato. Ciò perché l'accesso al mercato è consentito senza barriere a chiunque ed il mercato è trasparente così come le informazioni e il prodotto è, quanto possibile omogeneo. Il sogno dell'impresa concorrenziale è arrivare a monopolio di offerta grazie alle possibilità offerte dal mercato concorrenziale (volumi, costi). Evidentemente questo sogno rappresenta un pericolo di dominio di mercato. Perciò esiste l'antitrust che dissuade le posizioni monopolistiche, controllando che non si superi una quota specifica di mercato arrivando a una posizione dominante che scoraggi la concorrenza e penalizzi il consumatore e dissuade i cosiddetti "cartelli" o accordi taciti (non dichiarati) fra produttori per ripartirsi le quote di mercato. Nella realtà del mercato agiscono forme di concorrenza e di monopolio, ciò spiega perché si parla sempre di concorrenza imperfetta.

Meglio fare gli imprenditori o i dipendenti?
Allora, se si ha idee, coraggio e forza di volontà è un dovere fare l'imprenditore, perché ne beneficerebbero tutti, dipendenti inclusi. Altrimenti meglio fare il marito/ moglie o il compagno / compagna, ma del/della imprenditore/imprenditrice.

Quindi i fondi per l'imprenditoria femminile servono solo a garantire la felicità anche a noi uomini?
Lo chieda a chi li ha istituiti. Ma lei crede veramente che una ricca, intelligente, bella e buona imprenditrice si lascerebbe sposare da un intellettuale squattrinato e un po' playboy come lei?

Non credo. Da quanto mi insegna il matrimonio non sembra fatto per me almeno quanto non è fatto per l'imprenditrice.
Ma va là. Lei deve farsi gli esercizi spirituali di Sant'Ignazio di Loyola, quelli di un mese, in silenzio assoluto. Vedrà come cambia idea... Magari dopo riesce persino ad innamorarsi di una squattrinata ricchissima di virtù, che lei apprezzerà ben più dei soldini. La sposerà; farà famiglia, farà tanti figli e diventerà lei stesso ricco. Non solo di valori, anche di soldi veri, perché far famiglia fa diventare ricchi.

Lo spieghi alla coppia che ha due figli e deve mantenere tutti con i 1000 euro al mese di stipendio.
Ragazzo, crede che non lo faccia da anni? Ma lei conosce realmente quante coppie con due figli e 1000 euro al mese di entrate ci sono? Comunque sono fornito di molti argomenti per affrontare con queste coppie il tema, serenamente e razionalmente. Purché vogliano ascoltare e non aggredire, come sta facendo lei ora. Comincerei spiegando loro cosa è successo perché si addivenisse a questa situazione di disagio. Dopo la diagnosi si può affrontare la prognosi oggettivamente e soggettivamente. Anzitutto per evitare di colpevolizzare soggetti sbagliati poi per riflettere su cosa significa responsabilizzarsi in tale situazione. Questo fenomeno che si riscontra negli ultimi anni (magari non di una coppia con due figli, ma solo di una coppia che vorrebbe metter su famiglia e non ha le risorse), ha origini ben precise ed una storia dimostrabile. Ma bisogna esser consapevoli di chi potrebbe e perché, risolvere detto disagio, al momento attuale, dove c'è che sta facendo di tutto perché ciò non avvenga, anzi si aggravi la situazione.

Prima ha citato la tecnologia. La tecnologia ci renderà tutti disoccupati, tranne i proprietari di Amazon e Google, come profetizza qualcuno?
Perché poverini? Non hanno anche loro diritto ad una meritata disoccupazione?
Scherzi a parte il tema tecnologia che assorbe posti di lavoro crescendo la disoccupazione è vecchio,

risale agli anni '70. Il problema è che se una economia cresce il problema non si pone perché anzi la tecnologia crea nuove attività competitive. Ma se l'economia non cresce (per errori fatti) o si è stravolto il modello competitivo come è avvenuto negli ultimi decenni delocalizzando le produzioni in aree di low cost e interrompendo le ricerca tecnologica e gli investimenti e creando metà del mondo che produce e non consuma e l'altra metà che consuma e non produce, la prospettiva non sta in piedi. Infatti in questa situazione la tecnologia permette di recuperare produzioni ma non tanti posti di lavoro che vengono trasferiti, per evitare disagi sociali ed economici di disoccupazione, a settori più poveri "labour intensive", tipo l'edilizia. Quello che ha concorso a portare al governo Usa Trump e a fargli fare le famose dichiarazioni interpretate come neo-protezionismo. Il fatto è che i suoi predecessori hanno fatto tanti errori mal soluzionati, creando un disagio probabilmente irrisolvibile con criteri di mercato concorrenziale tradizionale.

Volendo continuare a sperare che qualcosa si muova e mi faccia arrivare una Ferrari, mi dice che cos'è una "start-up?"?
Un sogno realizzato con una grande dose di fortuna. Nello specifico il fattore "cul".

Quindi vincere al superenalotto è una start-up?
No certo, però riuscire in alcune start-up equivale a vincere al superenalotto. Una start-up ieri era un'idea geniale (non necessariamente tecnologica),

concepita in modo innovativo, ma ancora instabile nelle prospettive, finanziata da " fondi capitalisti di ventura" che correva il rischio di esser strutturata troppo presto nel tempo senza magari avere informazioni su altre assimilabili in stadio più avanzato. Oggi una start-up è spesso in settori tecnologici, internet, digitali, o influenzati da vari software ed ha bisogno, io credo, un sostegno più istituzionale.

Le start-up funzionano?
Quando si ha il fattore "cul", si.

Certo che potrebbe sbottonarsi un attimo e dire a me che ho bisogno di una Ferrari e soprattutto ai lettori, qual è oggi una start-up che funziona economicamente, che crea un'utilità sociale e che magari rende anche qualcosa. Cul permettendo...
Magari si aspetta che le risponda che può essere una Ong che si occupa di migranti e cose correlate?

Ma se è convinto che io passi le giornate a giocare a golf perché mi fa domande a cui sa che non saprei rispondere?
Perché spero di convincerla "paternamente " ad apprendere a saper rispondere

Mi dica almeno quali sono le differenze fra un'impresa di successo ed una che finisce per fallire.
Mi vien da usare il termine precedente anche qui, ma vediamo di trovare con originalità un'altra risposta: possiamo dire che un'impresa di successo

è gestita da uno in gamba che ha anche "cul". Quella che è finita per fallire è probabilmente stata gestita da uno che più che dell'impresa si occupava del bel cul di altre creature.

Rassicurante. E invece se le chiedessi di parlare di debiti? Vale la pena fare dei debiti?
Se vale la pena investire il denaro preso a debito, si. Se fa un debito solo perché i tassi di interesse sono bassi, no. Se, in senso lato, vale la pena star indebitati, anticipando con l'aiuto delle banche, redditi futuri ed avere subito quello che si vorrebbe, è una domanda complessa. Così si è sostenuta la crescita economica del PIL in occidente negli ultimi trent'anni, fino al 2007, quando le famiglie americane han portato in banca i contratti di mutuo e le carte di debito e han detto alla banca: "non posso pagare". Le banche sono fallite e lo Stato è intervenuto per nazionalizzare indirettamente il debito delle famiglie al fine di salvare le banche. Dove sta il problema? Sta nell'eccessivo indebitamento legato alla attitudine consumistica, a sua volta legata al concetto di "tutto subito", nonché ad una sciocca esagerata fiducia ottimistica nelle proprie capacità di generare redditi futuri e così via. Ma c'è anche il concetto di "affare" che ci viene proposto, unico e irripetibile, che spesso trae in inganno. Si domandi sempre perché, in economia,qualcosa sembra un affare e lo propongono proprio a lei. Ha presente quei libretti tipo "vi insegniamo a diventare ricchi in dieci lezioni"?

Speravo considerasse questa nostra chiacchierata proprio uno di quei libretti. Perché è così importante il "debito pubblico" di cui sentiamo così spesso parlare in TV?
Scusi, lei "sente parlare in TV" del debito pubblico? Forse è meglio correggere subito la domanda con una pre-risposta. Lei sente "sparlare" in TV del debito pubblico, probabilmente. Ma anche queste notizie son "dovute ", non è certo colpa del giornalista. Comunque rispondo in modo serio e meno, ma spero chiaro. In TV si parla di debito pubblico per far sapere ai cittadini italiani che guardano la TV che il paese è troppo indebitato, Bruxelles e Francoforte sono preoccupati per la nostra salute e benessere e dobbiamo prepararci continuamente (sempre più negli ultimi 10 fatidici anni) a nuove tasse. Per il nostro bene. Ecco questa è la risposta alla domanda. È vero però o no che siamo malati di debito pubblico? Lo siamo quanto lo è l'Europa intera, solo che lo è potenzialmente e noi più manifestamente. Vede il debito totale di un paese è fatto di 4 debiti: quello pubblico, quello privato delle imprese, quello semi-privato delle banche, quello privato delle famiglie. Se voglio capire il rischio di esposizione di un paese devo sommarli tutti e 4. Ma se uno di tre debiti privati non viene pagato diventa debito pubblico. La storia, in USA, del debito privato nazionalizzato per salvare le banche (nel 2008) lo insegna. Ma Berlino fa finta di non capirlo, idem Bruxelles, tanto che cominciamo a capire il perché sempre di più e meglio. L'Italia, subito dopo la Germania, sta meglio di altri paesi. Ma il nostro problema non è il

debito pubblico e la "forzata" non crescita del PIL. Forzata da criteri semidemenziali di austerity imposti da chi capisce ben poco di economia e molto più di potere politico. Con la complicità, interna al nostro paese, di personaggi esaltati, chissà perché, all'esterno del paese. Un po' come avviene per il Papa attuale, non capito dal mondo cattolico e apprezzatissimo dal mondo non cattolico. Questi son alcuni piccoli paradossi del mondo globale, di cui abbiamo capito ben poco. Chi aveva ben capito tutto (come Benedetto XVI) è stato messo da parte.

Perché allora l'Europa non si fa per problemi di debito pubblico diverso nei vari paesi dell'UE?
La pia opinione è che l'Europa non si faccia perché prima della moneta unica si doveva omogeneizzare, se fosse possibile, di più e meglio le culture europee. E non solo con gli Erasmus. L'Europa continentale è fatta di almeno tre culture diverse non facilmente omogeneizzabili: quella tedesca luterano-calvinista, quella cattolica italiano-spagnola, quella "laica" costituzionalmente francese. Se aggiungiamo il Regno Unito e riflettiamo, forse arriveremo a capire le motivazioni della Brexit, che non sono meramente economiche. Ma veniamo alla risposta puramente politico-economica. L'euro è una moneta comune ai paesi europei il cui valore è legato alla forza o debolezza di tutti i paesi che la hanno adottate. Il debito che ogni paese fosse libero di emettere (se lo fosse) sarebbe fatto in una valuta (l'euro) che il paese non controlla e pertanto detto paese non può garantire

il suo debito, alla scadenza, verso i sottoscrittori. L'esigenza di indebitarsi da parte di paesi diversi fra loro e di moneta invece comune il cui valore è legato alla sommatoria dei debiti di tutti i paesi, crea il conflitto e la debolezza dell'Unione Monetaria Europea. Come risolvere detto problema, o meglio come lo risolverebbero i veri padri fondatori dell'Europa, come Monnet, Shumann, De Gasperi? Lo farebbero concependo l'UE a supporto delle identità e debolezze dei singoli paesi, pertanto considererebbero compito UE sostenere la soluzione dei loro problemi economici che li portano a creare debito insostenibile. Invece l'attuale UE è guidata da paesi intolleranti verso i difetti degli altri paesi e molto comprensivi verso i propri difetti. Si pensi alla Germania verso l'Italia per esempio. Ecco perché sostengo esser chiave di comprensione le diverse culture religiose che spiegano il comportamenti. lei non crede che la separazione luterana fede e opere non spieghi fin troppo queste differenze?

Mah, oramai i luterani in Germania sono meno dei cattolici il Italia... Ma il deficit pubblico può essere permanente?
La dottrina economica dice certamente no, dovrebbe esser temporaneo e legato al ciclo economico. Neppure Keynes sostenne la politica di deficit permanente, tantomeno assorbibile con una emissione di moneta, per stabilizzare il ciclo economico. Ma è evidente che l'economista del privato esalta la "mano invisibile" del libero mercato, mentre l'economista sostenitore del ruolo

pubblico chiede la "mano visibile " dello Stato. A volte quando necessaria, a volte come ideologia economico politica (statalismo). Lo vuol capire che l'economia non è una scienza e qualsiasi buon economista con buoni argomenti, interessanti ed utili per un progetto o per un movimento politico, può guadagnare il Nobel?

Avrei parecchio da chiederle su quanto dice. E invece le chiedo: può esistere un'economia senza debiti?
Certo. Sarebbe però un'economia semiautarchica, che non si cura della crescita del PIL nel confronto di altri paesi, ma solo del benessere dei cittadini, che sono però felici di vivere sobriamente, senza una borsa dove investono investitori internazionali, eccetera. Una specie di Utopia di Thomas Moore. Il debito privato è conseguente alla politica di leva finanziaria che descriveremo fra poco. Il debito pubblico, nella reale realtà, è conseguente a quanto un governo è stato keynesiano. In pratica quanto ha dovuto (o voluto) correggere gli errori del privato con l'intervento dello Stato in economia. Il quale Stato fa debito per sostenere l'economia. E questo debito mica lo paga (e così gli interessi) se è collocato all'interno del paese, Lo paga e paga interessi se è costretto a collocarlo anche su investitori stranieri. E qui entra in gioco il rating di un paese e lo spread (di tasso di interesse) che deve pagare agli investitori che investono in debito sovrano (in funzione del rating, o valutazione, del rischio che presenta). Non è mica un gioco da bambini sa governare l'economia nazionale nel

mondo globale. Soprattutto non dovrebbe esser un gioco. Tantomeno un gioco giocato da "scarsamente competenti" politici riciclati, o da professorini accademici.

Le borse

Quando si sente parlare di "finanza" di cosa si sta parlando? Che cos'è?
Per troppi sciocchi dilettanti la "finanza" (tra virgolette) è 'na roba geniale, 'na roba che le fa guadagnar soldi a palate, le fa aver Ferrari e Maserati, cogliere gnocche ovunque. Finché non la beccano.

Questo mi ricorda più Fabrizio Corona che Enrico Cuccia...
La finanza (senza virgolette) di Enrico Cuccia effettivamente è qualcosa di ben diverso, merita rispetto, anzi merita che ne parliamo stando rispettosamente in piedi e le diamo del lei, chiamandola "signora Finanza". La finanza di Cuccia è quella che ha permesso all'Italia di cogliere i vantaggi del piano Marshall dopo la II guerra mondiale, ricostruire il Paese e farlo crescere. Diciamo fino agli anni '90. Certo, per riuscirci Cuccia aveva tanti consensi, forze ed alleanze, che magari ne hanno tratto vantaggi. Ma la grande signora Finanza di Cuccia si conclude, probabilmente persino con il suo realistico consenso, dopo la fine della guerra fredda (1989) quando si accelera il processo di globalizzazione, in Italia entrano prepotentemente la grandi banche d'affari americane, che vogliono una borsa molto, molto più grande di quella cosiddetta di Cuccia e vogliono le privatizzazioni del sistema economico produttivo e bancario.

Quindi oggi dobbiamo accontentarci di Fabrizio Corona?
Lei da per certo (è la seconda volta) che io abbia verosimile confidenza con quel mondo suo di riferimento di successo. Io di Corona so quasi nulla, tranne quelle due cose viste (non lette) sui giornali. Ma lei non mi pare si sia contentato di un Corona, ha anche intervistato e fatto un libro con Gustavo Raffi, il Gran Maestro dei massoni, no? Con le sue conoscenze in quel mondo non è riuscito ad avere suggerimenti utili per aver successo? Mi vien da pensare che la sua vicinanza devota al cardinal Tonini non sia valsa molto...

Non ho capito bene il nesso fra Fabrizio Corona e i massoni, ma la cosa più significativa che ho imparato da quell'esperienza è che se fai un libro con un massone passi il resto della vita a scovare voci di preti e vescovi (magari massoni per davvero) che mormorano sia un massone anche tu. Per lo stesso principio spero che facendo i libri con lei qualche ragazza si illuda che io sia quantomeno un buon partito. Anche se non ho (ancora) la Ferrari.
Caspita che intuito! Un altro Corona (Armando) non è stato un famosissimo "gran maestro" del Grande Oriente? Per il resto, son problemi suoi, si vede che lei frequenta preti o vescovi sbagliati. A ma non è capitato di sentirli mormorare, li ho sentiti e visti (sulla mia pelle) fare molto di peggio. Ma grazie a Dio sono una minoranza, straordinariamente potente, ma minoritaria. Se mi

cita ancora una volta la Ferrari però la maltratto. Ma, dico, non ci sono altre auto che lei sogna?

In realtà detesto guidare. Quali sono i principi che guidano i processi finanziari?
Le leve finanziarie.

Chi sono gli attori principali di questo teatro?
Gli Archimede che han capito a che serve la leva.

Allora me lo spieghi così finalmente potrò comprare la Ferrari che a lei pare non piacere.
Immagini di poter esser in grado di realizzare un rendimento del 10% sul capitale investito in una certa attività economica, non importa se imprenditoriale o speculativa. Diciamo che il capitale investito necessario totale è 100. Ma immaginiamo anche che lei disponga solo del 50% di questo capitale, ma abbia credibilità finanziaria e riesca ad ottenere l'altro 50% a credito bancario, per semplificare, ad un costo del 5%. Bene, alla fine della operazione conclusasi con successo, lei ha generato un risultato di 10 (10% di 100), ma deve pagare il costo del credito con cui ha finanziato il 50% dell'investimento, cioè 2.5 (5% di 50). Il suo risultato netto è pertanto 7.5 (10 meno 2.5) che sul suo investimento reale di capitale pari a 50 significa un rendimento effettivo del 15%. Ciò avviene perché è riuscito a far finanziare parte dell'investimento ad un costo inferiore al rendimento prospettato. Questa è leva finanziaria. Facciamo un paradosso sempre sull'esempio precedente. Invece di avere il 50% di capitale, lei ha solo 10% e la banca invece di

finanziarle il 50% le finanzia il 90%. Il rendimento dell'operazione resta 10, il costo del debito sale a 4.5 (5% di 90) il suo risultato netto diventa 5.5, che su 10 di capitale suo realmente investito produce un rendimento del 55%. Ecco come Gambi riuscirebbe a comprarsi una Ferrari. Ma le cose non sono andate sempre così.

Allora bisognerà proprio iniziare a pasticciare con queste leve... Ma quali sono gli strumenti della finanza?
Vediamo, so dove vuole arrivare per comprarsi la Ferrari, ma la tiro per le lunghe. Anzitutto vediamo degli strumenti di "finanza pubblica" di uno Stato. Questi sono la gestione delle entrate fiscali e la gestione della spesa pubblica. Poi la gestione demaniale degli immobili appartenenti allo Stato, infine, se ne possiede ancora, la gestione di imprese pubbliche.
Gli strumenti invece di finanza privata si riferiscono al reperimento sul mercato finanziario di capitali di rischio, di credito o di finanza innovativa, creativa ... Ciò avviene grazie a strutture quali le Banche, la Borsa, le banche d'affari.

Ce li spiega meglio? Cos'è un'azione?
Una buona azione o una cattiva azione?

Una di quelle che mi fa guadagnare danaro.
Guardi che la mia risposta non era mica tanto sbagliata, sa? Comunque, un'azione (di una società) è un titolo che attesta che lei ha una frazione di capitale (nominale) sociale. Pertanto della proprietà

di una impresa. La proprietà di questa azione le consente di guadagnare quello che guadagna chi controlla l'impresa (veda sopra l'esempio della leva finanziaria) e di perdere. È un investimento a rischio che si fonda sulla fiducia che lei ha nell'imprenditore di cui vuol diventare socio (minoritario). Una "azione buona" rappresenta un investimento a rischio, fatto in un'impresa che ha evidenti e sostenibili vantaggi competitivi in un mercato attraente, ha un piano strategico convincente ed è guidata da buoni manager, seri, competenti, non avidi.

E una cattiva azione?
È un investimento a rischio in una impresa gestita da lei, avendola ereditata, di cui non ha nessuna consapevolezza.

E un'obbligazione?
Data o presa con un giuramento di restituire o solo con una garanzia reale?

Mi sta complicando le cose...
Una società per azioni, per reperire i capitali necessari alla sua crescita, o per operazioni compatibili, che la rafforzino sul mercato in cui opera, può sia fare aumenti di capitale, emettendo azioni, oppure può, compatibilmente con il suo equilibrio finanziario (rapporto capitali propri e debito) e con la disponibilità del mercato, finanziarsi a debito emettendo obbligazioni, con scadenze più o meno lunghe. In pratica facendo "leva finanziaria" quella sopra descritta. Queste

obbligazioni normalmente vengono collocate presso gli azionisti oppure presso investitori istituzionali che a loro volta le possono ricollocare su investitori. Le obbligazioni buone di fatto fondano la loro garanzia sugli stessi caratteri visti per le azioni, ma essendo un debito della società che le ha emesse, possono essere garantite (nel rimborso o pagamento interessi) da varie forme di garanzia.

Cos'è un "corporate bond"? Sono investimenti sicuri?
Certo che son sicuri, se li ha emessi una impresa buona.

Ma cosa sono? Non dia per scontato che il lettore, cioè io, lo sappia.
Sono sempre (come sopra) obbligazioni emesse da banche o imprese private, quale alternativa al debito bancario, pertanto con scadenze più lunghe. Si chiamano corporate per distinguerle da obbligazioni emesse dallo Stato per finanziare il debito pubblico. Il tasso di interesse proposto è naturalmente più alto delle obbligazioni di Stato sottintendendo un maggior rischio che per emissori quotati sono classificati con un rating, che dovrebbe esprimerne la bontà e il rischio.

Adesso qui qualcuno dovrebbe fare una domanda un po' da massaia del tipo: "ma è meglio investire in azioni o in obbligazioni"? Solo che facendole questa domanda mi verrebbe anche un po' voglia di chiederle qualcosa dell'oroscopo.
Se lei avesse investito i suoi soldi con grandi e

importanti investitori professionali negli ultimi dieci anni, non disprezzerebbe più cosi manifestamente l'oroscopo, sa? Forse i risultati (in molti casi) non sarebbero stati tanto diversi tra quelli studiati con algoritmi corretti da mosse strategiche, da quelli previsti guardando le stelle tenendo conto dell'ora della sua nascita. Ha mai pensato alla famosa sfera di cristallo? A Piacenza gli aruspici etruschi del II° o I° secolo a.C. per fare previsioni, usavano uno strumento chiamato "fegato etrusco". Venga a studiarlo, è ai Musei Farnesiani. Interessantissimo per un cultore di sistemi di predizioni come lei.

Speriamo funzioni ancora. Cos'è lo spread? Quanto è importante per la nostra vita quotidiana?
Bisognerebbe chiederlo alla Merkel come si riesce a vivere di spread (italiano).

Non ho più il suo numero. Mi anticipa lei qualcosa?
In senso più ampio, o generico, lo spread, che in italiano traduciamo in "differenziale", è la differenza di rendimento e perciò di costo del danaro di un debito, anche obbligazionario, comparata con il rendimento di un altro debito, per esempio di titoli di Stato, che, per convenzione, si prende come riferimento (in inglese benchmark). Più nello specifico e più comunemente, lo spread è la differenza di rendimento tra due obbligazioni di Stato, soprattutto di due Stati diversi. Per esempio siamo abituati a sentir parlare di spread fra titoli di

stato decennali italiani, i famosi BTP e i Bund tedeschi. Faccio un esempio pratico. Se il rendimento dei Bund tedeschi fosse 1% e quello equivalente dei titoli italiani fosse il 3%, lo spread sarebbe di 200 punti base, che esprimono appunto il 2% di differenza (ogni punto percentuale equivale a 100 punti base). È evidente che alto rendimento significa alto rischio, basso rendimento significa basso rischio. Cosa determina questo spread, questo differenziale? Ecco qui distinguerei tra la teoria e la pratica, tra la "dottrina economico finanziaria" e la "politica economico finanziaria". La "dottrina" spiega che detto differenziale misura la capacità di uno Stato di rimborsare il prestito, pertanto la sua forza economica, misurabile attraverso fattori fondamentali. La "politica" invece spiega che lo spread misura la stabilità di un paese legata all'incertezza politica e pertanto all'affidabilità e fiducia che dà ai sottoscrittori del debito. Lascio al lettore le riflessioni conseguenti.

Perché ogni tanto la borsa cresce ed ogni tanto cala?
Ma lo sa che mi fa domande provocatorie? È come "lui" che cresce o cala in funzione di quanto viene stimolato, provocato, no?

Se mi dice così non oso immaginare come passate il vostro tempo voi banchieri...
La borsa di un paese è fatta da tanti titoli, valori di imprese operanti in tanti settori economici diversi. Ognuna delle imprese quotate in borsa spiega il suo valore di borsa con vari caratteri, alcuni facilmente

misurabili e comprensibili, altri molto meno. Fattori macroeconomici che spiegano i valori sono la crescita dell'economia mondiale o locale, l'attrattività e redditività di un settore economico, eccetera. I fattori più microeconomici riguardano la sua posizione di leadership in un settore economico più o meno attraente e la sua capacità passata a crescere e dare risultati economici. E così via. Poi vi sono fattori meno tangibili, per esempio la sua capacità di rendersi attraente con campagne di immagine o sponsorizzazioni. Ma farei anche un riferimento ad un elemento molto complesso che spiega i valori di borsa, liquidità disponibile sul mercato a parte: il futuro dell'impresa nel futuro di un mercato nel futuro del mondo. Un'impresa va in borsa e propone un valore di quotazione, dando una spiegazione razionale di questa scelta e valore, che normalmente è la crescita di entrambi. Deve pertanto fare un piano di crescita valore che sia comprensibile e condivisibile, perché il suo valore oggi è funzione della crescita di valore futura. Ora vorrei fare un esempio di cosa significa non rispettare questo impegno/promessa. Farò un esempio "made in US". Tra il 1998 e il 2008 la crescita ufficiale del PIL americano è stata intorno al 32%. Nei dieci anni questa crescita - si riconobbe nel 2008 quando le banche americane "saltarono" - era dovuta per un'altissima percentuale, probabilmente intorno all'85%, alla crescita dell'indebitamento delle famiglie americane, che questo debito poi non pagarono. Il debito delle famiglie sul PIL passò negli stessi anni dal 68% al 96%. Sappiamo cosa è successo dal 2008 in poi, ma la spiegazione del crollo delle borse successivo è proprio data da questa crescita "falsata dal debito" del PIL che conseguentemente spiegò che anche le imprese quotate in borsa, in senso generico, non potevano esser cresciute quanto la crescita falsata del PIL (32%), bensì quanto la crescita vera del PIL, perciò intorno al 4% (32 – 28= 4). Il valore della borsa è spiegato dal futuro dell'impresa quotata, molto più che dal passato.

Dalla risposta precedente mi aspettavo qualcosa di più erotico.
Non mi provochi. Dovrebbe ben sapere come io passo il mio tempo, a rispondere alle sue domande scrivendo libri per conto suo per cercare di aiutarla ad arricchirsi, materialmente intellettualmente e spiritualmente. Anche se quest'ultima presunzione mi pare sempre più improbabile, visto che pensa solo alla Ferrari.

Cosa sono i derivati?
Sono sostegni artificiali di provocazione.

Tipo il viagra?
Se riesco a spiegare cosa è un derivato vinco il Nobel, vediamo. La dottrina dice, genericamente, che è un valore che deriva da un altro valore. Perciò è il valore di un titolo finanziario che è funzione del valore in un dato momento di un bene, una materia prima, una azione, una valuta. Un tempo venivano utilizzati con criteri di buona amministrazione, per coprirsi dai rischi di volatilità di prezzo o di speculazione. Poi sono diventati loro stessi oggetto

di speculazione, anche su reti telematiche e perciò non regolamentate ed hanno cominciato ad impensierire. Ma vediamo prima i tre tipi di derivati più comuni e semplici da spiegare: si tratta di "futures", "swap", options". I "futures " sono, diciamo, dei contratti con cui si compra o si vende a termine ed a un dato prezzo prefissato, una merce o un tasso di interesse, una valuta. È evidente l'utilità per coprirsi da un rischio di oscillazione prezzo di un bene (per esempio il petrolio, o il rame), o oscillazione di un tasso di interesse su un determinato debito, o oscillazione di una valuta straniera che devo rivendere o che devo comperare per fare pagamenti. Gli "swaps" sono contratti di scambio sempre su tassi di interesse, valute e altro, fra due contraenti. Sempre con l'intento di precauzionarsi da oscillazioni pericolose. Le "options" sono contratti che permettono, o danno la facoltà, di prendere una decisione (di comprare o vendere un bene, un titolo, altro) in un momento successivo, ad una certa data ed a un certo prezzo.

Cercherò di spiegare perché preoccupano. Si stima che la massa di prodotti derivati possa valere intorno al 20-25% dell'intero PIL mondiale. Ma che vuole dire? Che questo valore è quanto costerebbe rilevare a prezzo di mercato tutti i contratti in essere. Farei un esempio che potrebbe chiarire. Rilevare detti contratti a detto prezzo dovrebbe equivalere a comperare tutti i biglietti delle lotterie a valore di premio vinto (come lo avesse vinto), non a valore di acquisto biglietto. Pertanto si stima che i valore reale sia un 10% di quello sopra stimato.

Sta dicendo che quindi il 20% del PIL mondiale in realtà non esiste?
Esiste " subject to".

Non voglio immaginare cosa significa. Se cerchiamo cose più tranquille, che cos'è un fondo di investimento?
È uno strumento di investimento che affida a gestori professionali le scelte di investimento promettendo maggiori capacita di orientarsi sui mercati e di guadagnare pertanto più e meglio di una gestione fai da te. È vero, costa cara, però, se il rendimento del fondo è alto è giustificato e vantaggioso, se il rendimento è basso il fondo addebita ugualmente i suoi costi al cliente, che ha la tentazione di uscire e far da sé, pentendosi dopo una settimana però. A volte mi son chiesto se sono i fondi a creare le condizioni di impossibilità di gestione del proprio patrimonio sul mercato o se questa impossibilità ad aver creato i fondi. Perciò caro panettiere, tutti i soldi che risparmi li investirai in fondi, non potendoli investirli in pane, che è la cosa che conosci meglio, perché deperisce e potendo al massimo capire che investire in titoli di Stato non conviene perché il reddito fisso oggi dà rendimento zero. E non fidandoti più di metter i soldi nel materasso perché non potresti neppure difenderli: se entrasse un ladro e li trovasse e tu lo bloccassi, lui ti spiegherebbe che l'inequità di ripartizione ricchezza è l'origine di tutti i mali < come dice il Papa > e avrebbe diritto a condividere con te i tuoi risparmi e se ti arrabbi lui ti risponderebbe di non dare più l'8 per mille alla Cei

e di darli direttamente a lui. Insomma caro panettiere il fondo di investimento è qualcosa di cui non puoi fare a meno. Non ci sono alternative, a meno che non decidessi di fare il prete. Ma anche quello è difficile perché non ci sono seminaristi, se vai in un seminario tradizionalista sei certo che lo chiuderanno presto e le vocazioni tardive sono scoraggiate.

Insomma, preti a parte, lei consiglia all'uomo qualunque di investire in fondi.
Se ha un patrimonio adeguato, suggerisco di affidarsi ad un gestore competente e serio. Oggi. Domani vedremo.

Esistono altri prodotti finanziari a cui dovremmo dare credito se un promotore finanziario ce li propone?
Bisognerebbe prima vedere la moglie del promotore.

Ammettiamo che sia bruttina.
È un guaio perché potrebbe aver l'amante da mantenere e tentazioni conseguenti

Se è media?
Dipende dalle aspettative e i gusti del promotore

Se è bellissima?
Bisogna chiedere se è la prima moglie, la seconda o la terza. Ma mi preoccuperei di capire cosa ha trovato in lui una bellissima donna.
Scherzi a parte e scusandomi per lo scherzo con la

categoria, sappia che è appunto una categoria talmente regolamentata e controllata che escludo non meriti credito: importante è sapere cosa promuove e per conto di chi. Il promotore, per esser credibile nel tempo, deve essere come il medico: deve conoscere bene il paziente ed esser professionale. Ha una sola differenza: il medico stabilisce una cura, prescrive medicine prodotte da case farmaceutiche e si fa pagare la parcella solo per la visita. Il promotore non si fa pagare parcelle per la diagnosi e soluzione finanziaria perché deve collocare il prodotto finanziario di chi lo remunera. Ecco perché è necessario sapere non solo cosa propone, ma anche per conto di chi. Attenzione sempre a intendere le condizioni (costi) di entrata, uscita e gestione, di quello che viene proposto. Anche se tutto deve essere scritto.

Io mi aspettavo lei desse ai lettori consigli segreti per fare un sacco di soldi, invece dice loro di andare semplicemente da un promotore finanziario...
Mai detto, ho solo detto di affidarsi ad un gestore competente. Se lo trova da solo o grazie ad un promotore finanziario cambia solo il costo di gestione. Da soli oggi si può solo metter i soldi sotto il materasso. Ma se si trova un consulente finanziario che dà consigli segreti per fare un sacco di soldi, suggerisco di chiamare la polizia.

Che differenza c'è tra essere un risparmiatore ed essere un investitore? Cosa è meglio essere?
Se dovessi scegliere, vorrei essere l'oggetto

dell'investimento di risparmio altrui.

Quindi continua a suggerirmi di fare l'amante?
Credo che per lei sia sempre il suggerimento migliore. Il risparmiatore è colui che guadagna tanto da non riuscire a spendere tutto, oppure è colui che sa essere talmente sobrio nel suo stile di vita da riuscire a risparmiare comunque sempre pensando al suo futuro. Il risparmiatore investe i suoi risparmi e si trasforma così in investitore. Semplice no?
No, in realtà si può essere investitore senza avere risparmiato mai un euro. Ciò avviene se qualcuno ha avuto l'accortezza di risparmiare per noi. Come dicevo sopra per altri fatti, una questione di "cul". Ma c'è una giustizia anche per chi ha avuto "cul", infatti raramente questa categoria riesce a non farsi spogliare dei risparmi ereditati, perché non ha normalmente l'accortezza di riuscire a farlo. E prima o poi resta a "cul nu".

Alcuni giorni le notizie portanti sembrano catastrofiche eppure le borse salgono. Altri giorni ci sembrano notizie stupende per l'economia e le borse calano. Chi muove veramente questi trend?
Sempre la segretaria di James Bond, a seconda che i documenti che passa alla stampa siano fake news o no.

È questo l'eccitamento del mercato di cui diceva prima?
Rifletta, giovane playboy ambizioso. Se le borse salgono con notizie catastrofiche significa che

qualcuno sta comperandosi la borsa (prescindiamo dagli ordini di acquisto telematici). Ergo o le notizie sembravano essere catastrofiche, ma o erano false o erano talmente transitorie da immaginare fossero turbativa di mercato. Lo stesso vale se le borse calano nonostante notizie che sembrano buone, significa che qualcuno vende, magari vende per far scendere il mercato e ricomprare poco dopo. Oppure le notizie sembravano solo buone, senza esserlo. Oppure, sappia che quelle che lei chiama notizie buone o cattive, sono solo motivi di opportunità di vendere o comperare. Un abbassamento tassi di interesse è notizia buona o cattiva? E un innalzamento di tassi? Nel primo caso godrebbero settori indebitati .Nel secondo godrebbe il sistema bancario. E la notizia di crescita o decrescita prezzi del petrolio? Questo è facile. O le prospettive e gli annunci di una guerra? Questo è cinico. Persino uno tsunami è visto male da qualcuno e bene da parte di altri. Lei non penserà mica che io le sappia fare un corso per corrispondenza di come si gioca/investe in borsa, vero? La Ferrari con me se la compra solo se riesce a vendere un milione di copie di questo libro di cui continuo a lasciarle i diritti d'autore. Provi.

Mi ha definito playboy ambizioso e rifletterò a lungo su queste due parole, che forse appartengono più ad una dimensione di speranza che di realtà. Ma mi ha anche definito giovane, nonostante la mia età che avanza e di questo sono grato. Ma se le dicessi che non comprerei una Ferrari neanche dopo aver venduto 10 milioni di

copie la deluderei?
Beh, comincerei a ricredermi, ma non farei fatica, lo confesso. Lei non ha idea come sia scomoda detta vettura per viaggi lunghi, ma lo dico solo perché lo suppongo, pieno di invidia per chi li fa. Mi sono solo chiesto una cosa: ma con questa auto che fa i trecento Km/h, dove vado mai? Io se faccio i 140 Km/ora in autostrada il tutor che controlla la velocità mi becca subito. Devo anche dire che un tipo come lei lo vedo effettivamente viaggiare su una Triumph TR3 degli anni 50, con caschetto in cuoio, foulard bianco e guanti mezze-dita, a 70km/ora. Il sogno irrealizzato della mia vita, foulard e guanti inclusi.

Dopo avermi dato dello sfaccendato, del radical chic e persino del massone, finalmente mi sta ridando un'immagine veritiera di me. Ma andiamo avanti.
Perché, questa è una immagine veritiera di sé? E ne va fiero? Io alla sua età avevo già tre figli, stavo facendo carriera internazionale, guadagnavo bene, spendevo il 25% dei guadagni e risparmiavo il 75%, Così mi son comprato case senza neppure indebitarmi. Ho fatto crescer il PIL italiano senza crescere il debito.

Complimenti. Unicuique suum.
È ancora in tempo, no? Che aspetta? L'ereditiera con la Ferrari?

Le banche

Andiamo oltre e andiamo nel vivo delle questioni. Cos'è una banca?
È un qualcosa che tutti sembrano disprezzare ma a cui ancora nessuno ha saputo inventare un'alternativa vera. È un organismo che intermedia i depositi di chi ha liquidità e fa credito a chi ne ha bisogno. Ma se per caso, grazie alle condizioni di mercato che impongono bassissimi tassi, intermediare non fa fare il conto economico, utilizza il suo status di banca per fare altre cose. Un po' come la farmacia. Essendo supercontrollata da vari regolatori (banca centrale) deve fare altre cose sempre di natura bancaria che generino commissioni alte, per esempio gestire con fondi i risparmi ereditati da Gambi. Una volta (in Italia fino al 1993) era quell'organismo a cui si chiedeva di assumere chi non trovava lavoro. Oggi, temo, questa attitudine sia pressoché finita. La banca, per ridurre i costi, si farà sempre più "on line", con molto meno personale e sportelli.

E cosa diavolo fa un banchiere per guadagnare tutti quei soldi?
Assistenza caritatevole, amorosa e misericordiosa e questo gli fa guadagnare la vita eterna, che si vuole di più?

Sapere come mai gli infermieri fanno lo stesso ma guadagnano un millesimo.
Lo facevano prima anche le suorine negli ospedali e

non guadagnavano neppure questo millesimo. Vede, per rispondere seriamente a questa domanda dovrei spiegarle cosa è la creazione di valore per l'azionista. Il manager che sa fare questa creazione di valore, guadagna proporzionatamente. Quello che non ha saputo farlo, è stato sostituito, ma si prende una liquidazione sproporzionata, ecco quello lì i suoi " santi in paradiso" li ha già da tempo e non mira certo alla vita eterna. Ma se consigli di amministrazione eletti e supportati da assemblee di azionisti, approvano stipendi, paracadute, liquidazioni d'oro e i manager si rivelano inadeguati, io credo che l'assemblea azionisti debba riflettere sulla adeguatezza del consiglio di amministrazione. Ma se detti manager creano anche danni alla istituzione e il consiglio e l'assemblea e non fanno una richiesta di azione di responsabilità verso detti manager, io mi preoccuperei. Cosa che credo facciano la Magistratura e la Banca centrale. Mi auguro che nel tempo a venire si possa escludere dai consigli di amministrazione e persino dalle assemblee degli azionisti, persone che han dimostrato detta inadeguatezza. Così lei non dovrà più invidiare i guadagni dei banchieri e io non sarò costretto a spiegarle cosa è "crescita di valore " per l'azionista. Così non mi metto da solo in imbarazzo.

Chapeau. Ma dal banchiere continuo a cercare di capire informazioni utili. Cos'è un mutuo e cosa sono i tassi di interesse?
Il mutuo è un contratto tra un ente finanziatore ed un qualcuno che vuol comperare un bene, non ha i

soldi, ma ne ha bisogno e si impegna a restituirli spiegando perché ci riuscirà, ma dando il bene in garanzia perché l'ente finanziatore si fida ma non troppo.

Mi conviene fare un mutuo per comprare casa?
Se riesce a dimostrare di poter rimborsare le rate del mutuo, si. Il problema è se convenga comprare casa, a quel prezzo soprattutto.

Nel tempo libero fa anche l'agente immobiliare?
Nel tempo libero scrivo libri, qualcuno anche con Gambi, per aiutarlo a diventar ricco e così comprarsi casa.

Lavorare in banca sarà sempre un'occupazione sicura?
Eh, eh, eh, eh

Ogni tanto mi inquieta.
Lo domandi a un prete amico. Mi spiego, fino a qualche tempo fa chi era ridotto a non saper trovare un posto di lavoro al figlio o a un parente stretto chiedeva al prete di aiutarlo. Il sant'uomo chiedeva a sua volta aiuto al "banchiere", che pur di tener buoni rapporti con la curia, che magari aveva a sua volta una qualche influenza sulle nomine in banca, glielo faceva assumere da qualche parte. La banca allora aveva una funzione più sociale-economica che puramente orientata al profitto, infatti il periodo cui mi sta riferendo arriva fino al 1992 e le banche nel nostro paese erano sostanzialmente pubbliche, quelle private non arrivavano ad un

"unpercento" del mercato, ciò era spiegato dal fatto che l'economia italiana era dominata dal settore pubblico. Poi nel 1993 cominciarono in fretta e furia le privatizzazioni (chiamiamole così ...), tra cui quelle bancarie. Da allora le banche del nostro paese son dovute passare da rendimenti "sociali" a rendimenti di mercato. Con sforzo e qualche buon successo. Ma da allora, progressivamente quando il nostro amico prete cercava di incontrare il "banchiere", questo era sempre meno disponibile. A meno che il nostro amico prete non avesse buoni agganci con la curia, questa volta "romana". Ma questa è un'altra storia. Lavorare in banca sarà certo sempre una eccellente occupazione e per chi è bravo e volonteroso, sarà anche in qualche modo sicura, ma più che sicura, la definirei "challenging", cioè una sfida. Non si può fare a meno delle banche, efficienti. Ma le banche stanno trasformandosi, tra poco avremo banche di dimensione europea, i controlli verranno fatti dai Regolatori europei. Conclusione: secondo me sarà una occupazione ancor più "sicura" di prima per chi saprà accettare detta sfida.

E quali qualità deve avere chi vuole lavorare in questo nuovo assetto bancario? Se domani (stia tranquillo non succederà) io mi presentassi da lei a chiederle un lavoro, quali "skill" (così inizio ad entrare nella parte) mi richiederebbe?
Lei saprebbe fare l'hacker?

Parliamone in privato. E a proposito, parliamo un po' di complotto. Le banche governano il mondo?
Ma va! Se ciò fosse, chi governerebbe le banche?

La massoneria, la lobby giudaica, Soros. Non era questo il succo dei discorsi di prima?
Se lo dice lei. Io lavoro da 25 anni con una delle maggiori banche internazionali, che è sempre e solo stata gestita da un vero grande banchiere che faceva solo il banchiere e ha costruito qualcosa di straordinario al mondo. Creando valore per i suoi azionisti, creando valore per il suo stesso paese e per i paesi in cui è presente.

Con chi altro le banche spartiscono la torta dell'economia contemporanea?
Con gli scrittori speculativi come lei

Devo ancora vedere quel bonifico che mi tolga ogni dubbio. Cosa sono gli "edge funds"?
Sono strumenti di investimento che usano tecniche rischiose di copertura per limitare il rischio: leva finanziaria, derivati, vendite allo scoperto.

E i "family offices"?
Lei è un family office, lei gestisce il suo patrimonio di famiglia in senso lato.

Esistono famiglie che pesano abbastanza da riuscire a influenzare i mercati?
Certamente, ma sempre meno, ci vuole altro che il potere di una famiglia per influenzare non solo il mondo, ma anche una sola nazione. Il nuovo ordine

economico mondiale, peraltro fallito in quasi tutto perché ha ignorato volutamente ogni legge naturale, ha cambiato le regole del gioco del potere. Ed ora anche se sta tentando di riprendere detto potere deve fare i conti con i cambiamenti da lui provocati proprio nel potere globale. Sinceramente non sono in grado di spiegare oggi cosa accadrà domani. È stato aperto un "vaso di Pandora", caro mio.

Però non potevamo tradurre "family office" con una parola italiana?
E poi come facevano a spiegare quanto costa gestire il patrimonio di famiglia?

Qual è il futuro della banche?
Mi pare di averlo già spiegato prima. Continuare a fare le banche, ma a costi molto, molto più ridotti. Perciò riducendo le strutture organizzative e le persone, investendo in tecnologia, cercando di diventare sempre più "on line".

Mi faccia un fischio quando vuole sbarcare su instagram.

Casa dolce casa

Visto che vuole che compri un'altra casa vorrei andare un po' più a fondo sul tema. Che rapporto c'è tra i soldi e i mattoni?
C'è la legge della domanda e dell'offerta marginale. La casa, il mattone, ha più anime. Innanzitutto è il primo acquisto che si pensa di fare per assicurarsi un tetto e metter su famiglia. Le banche la considerano un'operazione da finanziare per le garanzie reali che dà. Gli Stati la considerano un'attività che traina l'economia e un fattore di stabilità socio-economica. Da qualcuno è considerata sempre un investimento sicuro destinato a rivalutarsi nel tempo. Da qualcun altro, sempre da governi miopi, è considerata la prima cosa da tassare. Il suo valore è instabile, la sua gestione sempre più costosa. Le coppie giovani guadagnano poco, meno di venti anni fa, in termini di potere di acquisto. Così dimensione, qualità e costi delle case si adeguano. Le famiglie stentano a farsi, non si fanno figli, si aspetta la morte dei parenti per ereditare la casa o i soldi per comprarla. Sono "crudo", ma questa è le situazione. La miopia politica di molti governi è lo svantaggio che grava su questi problemi, che alla fine si riducono ad uno solo vero: si è persa la visione del reale e si confonde il reale con la "realtà " che è invece la conseguenza della perdita del reale.

A proposito di reale: perché un appartamento di 80 mq in centro a Milano non costa meno di un milione di euro, mentre lo stesso appartamento in provincia di Matera arriva a costare neanche 30 mila euro?
Per la medesima legge citata della domanda/offerta, irreale, speculativa ed insostenibile.

Ma perché poi tutta sta gente vuole andare a vivere a Milano, dove non c'è neanche il mare e l'inverno non finisce mai?
Non è che tutta sta gente vuole andare a vivere a Milano, la maggior parte vuole lavorare a Portofino o in Romagna (dove sta lei), ma il lavoro offerto maggiormente è quello di cameriere o cuoco, stagionale. Poi non son mica tanto sicuro che in questi posti un bell'appartamento costi molto di meno.

No, ma almeno c'è il mare. I soldi hanno una logica incomprensibile per un zuccone come me...
Questa considerazione merita una risposta – spiegazione articolata. Ci provo perché credo proprio che gli "zucconi " come lei siano in tanti, ovunque. I soldi, il danaro, nascono per facilitare gli scambi commerciali, sostituendo il baratto fra più beni e fra più contraenti. Il suo valore oggi è una convenzione imposta da una autorità, lo Stato, che ne regola la circolazione imponendo la sua accettazione, prescindendo dalla solvibilità dell'emittente medesimo, che è sempre lo Stato.
Il danaro è dunque un mezzo ed una misura di

valore economico, nulla più. Non va pertanto confuso con economia o capitalismo: danaro è un puro strumento convenzionale. Dal punto di vista morale e qui forse nasce il suo smarrimento, il danaro è un valore neutro, non è né bene né male possederlo. Quel che conta per stabilire se è bene o male è poter stabilire come si son fatti i soldi e come si spendono. Si possono fare "con il sudore della fronte", si possono ereditare, si possono rubare. Si possono spendere bene, si possono spendere male. Certo. chi li ha fatti male e li spende male è sempre il nostro vicino di casa che ci è antipatico o che invidiamo. Certissimo è che quando qualcuno fa qualcosa e dice che non la fa per soldi, la fa senza dubbio solo per soldi. Forse è questo il mistero che toglie il sonno a Gambi? Altre considerazioni che si possono fare da un punto di vista morale sull'uso dei soldi si riferiscono ai bisogni che si soddisfano con il danaro. Non credo sia necessario approfondirlo, abbiamo vissuto un'epoca ultraconsumistica e fatta di esibizioni del denaro che si possiede. Probabilmente merita invece una riflessione il rapporto danaro/potere. Noi siamo abituati a vederlo, criticarlo, ambirlo, ma non sappiamo analizzarlo come dovremmo. Tanto che ancora oggi nel XXI secolo gli intellettuali si chiedono se è il danaro che influenza la politica di governo o il contrario. Non è qui la sede per approfondire questi temi se non in sintesi estrema, perciò, in sintesi estrema il potere economico crea controlla e gestisce l'opinione pubblica dominante. Pertanto influenza le decisioni politiche, quelle economiche, quelle morali. Non mi chieda come si forma, non è trasparente, né dimostrabile, se lo fosse non potrei neppure sognare di farlo.

Allora invece le chiedo: investire sul mattone è sempre un investimento sicuro? Ha ragione chi dice: "se investi in case mal che vada ti resta la casa. Se investi in borsa ti resta carta straccia"?
Eh, eh, eh. Aveva ragione prima che si inventassero le patrimoniali sulla casa, che ha stravolto il detto da lei citato. Il rischio è che se non paghi le patrimoniali ti tolgano anche la casa.

Quindi meglio investire in...?
Figli.

Da vendere alle nuove coppie omosessuali? Perché se li facciamo e li teniamo poi chi li mantiene? Le statistiche dicono molto chiaramente che oggi in Italia la maggioranza di chi non fa figli dichiara di non farli perché non saprebbe come mantenerli...
Lo dicono solo perché non li hanno fatti. Se li avessero fatti ora saprebbero come mantenerli, eccome. Anzi, ne farebbero ancora, convinti che i figli non sono solo un dono di Dio, ma cambiano l'uomo e la donna, migliorandoli, dando loro maturità, consapevolezza, determinazione, sana ambizione. L'ho convinta? In tal caso non comperi più, se anche la trovasse in vendita, la TR3, è solo biposto.

Maturità, consapevolezza, determinazione, sana ambizione. Dove sono i duemila euro a fine mese per fare una vita decente?
Questi punti interrogativi meritano risposte. Cominciamo con l'ultima, la sana ambizione, che presume ci sia una ambizione insana, forse quella che fece scrivere a Jean de La Bruyere che l'ambizioso è uno schiavo di tutte le persone che sono state utili e necessarie alle sue ambizioni. Il problema dell'ambizione personale sana è che è costretta al confronto con le ambizioni altrui e in questo confronto, se non si è maturi, si rischia che quello che è sano diventi insano, se si misura con un'ambizione malata. E l'ambizione malata diventa cinismo. Molte persone ambiziosissime che ho incontrato nella mia vita erano piuttosto nevrotiche, quasi nessuna ha raggiunto grandi traguardi, grazie a ciò. Ha pertanto ragione a parlare di ambizione e maturità, perché è la maturità che fa diventare ambiziosi non "adolescenziali", cioè consapevoli che ambizione significa accettarsi, rinunciare alla perfezione e sapere che si fallirà spesso, ma "fallire è acquisire esperienza", come diceva San Josemaria Escrivà. Ecco, la maturità è senso di responsabilità. Certo, essere determinati nel carattere dà un vantaggio all'ambizioso, perché essere determinati e perseveranti spesso vale di più che aver genio e fortuna, ma mi piace ripeterlo, perché è parte della mia esperienza: chi riesce a raggiungere traguardi ambiziosi, con senso di responsabilità, è chi sa affrontare sconfitte, dolore e sofferenza. Le vittorie nascono dai fallimenti, se si sanno trarre lezioni

utili. I duemila euro a fine mese possono esser pochi o tanti, dipende a che servono.

Bei concetti. Però sui duemila euro alla fine non mi ha risposto. Allora torniamo alle case: qual è la storia del mercato delle case in Italia?
Di tutte o di una casa in specifico, quella che vorrebbe comperare lei a Montecarlo, vista Casinò? L'edilizia è sempre stata un settore economico "trainante" e socialmente fondamentale. Sa che significa?

Si figuri se lo so. Me lo spieghi dettagliatamente.
L'edilizia civile presenta caratteri unici e fondamentali. Soddisfa un bisogno fondamentale del cittadino: avere la casa di proprietà, se può e perciò si devono creare incentivi perché avvenga. La soddisfazione di questo bisogno dà libertà, sicurezza, indipendenza. Vuole il concorso pubblico che va dai piani per edilizia, alle concessioni, autorizzazioni. Vuole la disponibilità bancaria a fornire prodotti finanziari (mutui) adeguati alla varie domande di abitazione. I beneficiari sono tutti e tre gli attori: il cittadino per le ragioni spiegate, il pubblico per l'impatto socio-economico, la banca per i profitti garantiti. Tutto ciò in teoria, la pratica segue il ciclo economico. Mutui troppo rischiosi (i famosi subprime) possono creare dissesti finanziari, perdita della casa, oscillazioni e squilibri di valore pericolosi nel mercato immobiliare: le case rappresentano sempre la tentazione principale per l'erario e così via. Dal punto di vista economico la casa è mercato trainante perché la costruzione-

base di una casa promuove un indotto unico. Pensi alle strutture varie, alla pittura, pavimenti, vetro, idraulica, elettricità, impiantistica, falegnameria, illuminazione... Poi pensi all'arredamento. Dal punto di vista professionale coinvolge più talenti, dall'ingegnere all'architetto, il ragioniere amministratore, vari specialisti, muratori, banchieri...

E che prospettive vede per il mercato immobiliare in Italia?
Le stesse che vedo per l'Italia: confuse. Vediamo se si fa e come la correzione alla finanziaria d'autunno in Italia. Se è "dura ", la vedo male. Se in Europa dopo le elezioni francesi di Macron, costui riesce a convincere la Merkel della stupidità irrazionale e controproducente della austerity che affossa il nostro paese, potremmo veder tutto più chiaro.

Meglio andare in affitto?
Dipende da quanto costa l'affitto dell'appartamento di 80mq di Milano e quello di Matera, per chi non vuole fare il pendolare ed usare mezzi pubblici per spostarsi in treno, autobus, o metro.

O sulla TR3...
Guardi, mantenersi oggi una TR3 utilizzabile non solo per esibizioni di auto d'epoca le costerebbe solo lei i suoi auspicati duemila euro mensili.

Che lei non mi spiega come ottenere...

Consumatori

Ha usato questo concetto varie volte, vorrei capirlo meglio: cosa significa che siamo nell'epoca del "consumismo"?
Che siamo nell'epoca in cui abbiamo dovuto consumare molto di più individualmente per compensare il crollo della crescita economica dovuta al fatto che non abbiamo voluto fare figli.

Non consumavano anche gli antichi romani o gli Inca?
Guai se non avessero consumato. Ma il crollo dell'impero romano inizia proprio quando hanno smesso di figliare per gozzovigliare e importare schiavi per formare l'esercito. Gli Inca non lo so, qualcuno pretende che consumassero carne umana. Sarà vero?

Lo escluderei. Chi produce vuole che qualcuno consumi. Ma chi consuma ha bisogno di soldi da spendere.
Ma va? Non ci avevo mai pensato. Sarà per questo che i banchieri son diventati ricchi e gli intellettuali son rimasti poveri?

Può essere. Noi siamo anticonsumistici. Quando c'è un equilibrio accettabile in questa dinamica?
Si legga il trattato di J.M. Keynes in proposito. È passato alla storia per questo.

Visto che tanto non lo leggerò mi sintetizza qualcosa di quel pensiero?
Sì, ci provo, anche spiegare Keynes a un intellettuale che scrive le scappatelle di Casanova, è come spiegare la teoria della relatività di Einstein a... me.
La teoria generale di J.M. Keynes (economista britannico 1883-1946) spiega che se un sistema economico produce disoccupazione è necessario che intervenga lo Stato per far ripartire la domanda, dare fiducia agli imprenditori e riavviare il ciclo di crescita economica. Keynes elabora questa teoria per risolvere la crisi del 1929, negando sia le teorie della scuola neoclassica che sostenevano che il mercato non necessitava l'intervento pubblico, sia la teoria monetaria che proponeva iniezioni di liquidità per risolvere il problema. Ebbe ragione Keynes a pensare che in quel determinato momento e condizioni, la spesa pubblica avrebbe fatto crescere la cosiddetta domanda integrata (investimenti e consumi).

E oggi ha ancora ragione?
Oggi viviamo le conseguenze di eccessivo neokeynesianesimo. Ma come ormai ha ben appreso dalle mie lezioni, quando le cose vanno male, invece di fare una diagnosi e scoprire le cause, si preferisce fare la prognosi più pragmatica: chiedere aiuto allo Stato.

Quali sono i possibili sviluppi di questo consumismo?
Ridimensionarlo, cancellarlo, sopprimerlo.

Lei per quale opta? E come?
Bisognerebbe riuscire a convincere che il consumismo è un errore. Non sto parlando di quell'equilibrio di reddito-consumo-risparmio-investimento che regge un'economia, sto parlando di "consumismo", cioè di crescita esclusiva di consumi individuali, sempre più esasperata, per compensare altri fattori di crescita economica sostenibili: l'equilibrata crescita indispensabile della popolazione, o perlomeno la crescita zero, ma almeno quella che assicura il processo di sostituzione. Cioè quella che non abbiamo fatto negli ultimi decenni e che è stata origine del dissesto economico che stiamo vivendo.

Ma quindi ci può spiegare quale è, secondo lei, lo "spirito dell'economia" di ieri, differente da quello di oggi e come si interseca con il consumismo?
Semplicissimo, si fonda su un concetto chiave per intendere l'economia e i suoi processi o meccanismi. Ieri l'uomo economico risparmiava, metteva da parte, pensando al futuro. Da qualche decennio l'uomo è stato "obbligato" ad anticipare le future risorse, per spenderle nel suo tempo attuale, il suo oggi. Questo modello, consumistico, accelera negli ultimi cinquant'anni grazie soprattutto all'esigenza di "tener su" la crescita del PIL, da quando si sacrifica la crescita demografica. Anche questa scelta è un esempio della lungimiranza dello scienziato economista. Coincide anche, chissà perché, con l'attuazione del famoso slogan sessantottino "tutto subito", ohimè! Lo spirito di economia è in realtà uno spirito che si è voluto

negare: lo spirito di sacrificio. Così si creano le basi delle grandi crisi economiche, quella del '29 e quella recente scoppiata nel 2007. E queste crisi, gestite da "grandi ed illuminati scienziati economisti" hanno visto generare rimedi che han sempre aggravato le crisi stesse.

Però se smetto di fare il consumatore consumista e quindi smetto, per esempio, di comprare libri su Amazon si guasta tutto il meccanismo? Non vorrei farle perdere il lavoro.
Quale lavoro? quello di "banchiere" o di scrittore?

Direi entrambi. Ma temo ci perderebbe di più con il primo.
Avrei molte considerazioni in proposito. Il compenso dello scrittore non è economico. Certo se il libro non si vende vuol dire che scrivo per me stesso e perciò è inutile pubblicare. Ma anche questo non è vero. Le case editrici non pubblicano un saggio di nicchia che potrebbe passare alla storia, ma pubblicano, correttamente da un punto di vista economico, una storiella demenziale che si vende. Il problema è perché il primo non si vende e il secondo si. Ma questo lo sa meglio lei di me. Equivale alle copertine dei magazine, se ci schiaffano un nudo si vende molto di più. Se la nostra società ha creato voyeur, l'editore o chiude o soddisfa. Ma lasciamo stare, non è il tema da trattare in questa conversazione.

Come consumatori siamo tutti uguali. Sembra che il vero risultato della globalizzazione sia proprio questo. Parlando allora proprio di globalizzazione, lei che scenari vede?
È difficile per me spiegarlo, poiché ho una visione forte in proposito. Il fondatore del cristianesimo chiese di evangelizzare tutti i popoli della terra proprio con l'intento di avere ideali comuni e santi. È stato tentato per secoli grazie ai missionari dalla Cina all'Africa, all'America. Conosciamo la storia delle eresie e delle unità religiose che hanno reso sempre più difficile questo grande progetto. Sappiamo anche che il Cielo è venuto varie volte in nostro soccorso onde evitare errori e chiederci di riprendere questo cammino di evangelizzazione: si pensi a Fatima e anche a Medjugorje. Ma non abbiamo obbedito, non abbiamo creduto. Questo spiega perché alla sua domanda ogni persona cercherebbe di dare una risposta razionale ed immanente, quando questa non può esserlo, ignorando il trascendente. La globalizzazione trova ostacolo negli Stati nazionali e nei vari nazionalismi. Per risolvere il problema si possono fare due cose: o cancellare i nazionalismi o asservire gli Stati nazionali al governo globale cooptando al potere persone servili. La globalizzazione, o meglio, questa globalizzazione, rifiuta nazionalismi, localismi, sovranità nazionali, democrazie. Spesso mi viene da ridere leggendo le diagnosi e prognosi sulla globalizzazione espresse dai grandi personaggi di riferimento della cultura. Bisognerebbe leggere ciò che hanno scritto i santi, in proposito, per capire come si deve fare la

globalizzazione. Ma chi legge più quello che hanno scritto i santi? E se avessero scritto un qualcosa che oggi è inviso alla Chiesa attuale rischierebbero la censura. A tal proposito mi sovviene il beato Antonio Rosmini, che per aver suggerito alla Chiesa di correggere 5 piaghe, venne messo all'indice per 120 anni, finché non lo scoprì Paolo VI. La forma e gli intenti della globalizzazione che propose il fondatore del cristianesimo erano altre. Oggi più che mai dovrebbe essere riproposto questo modello, sia pur tenendo conto di duemila anni di storia e storielle. Ma la globalizzazione per stare in piedi e realizzare quanto più bene comune possibile ha bisogno valori di riferimento. La medesima intuizione, se così possiamo chiamarla, che ebbe l'imperatore romano Costantino quando intese che l'Impero necessitava una fede, un valore comune e fece l'Editto di Costantino. Benedetto XVI lo spiega in "Caritas in Veritate". Ma chi lo ha ascoltato?

Non lo ha ascoltato Papa Francesco secondo lei?
No, non sembrerebbe. Questa economia non uccide, è l'uomo non formato dal magistero della Chiesa che mal utilizza lo strumento dell'economia. Non è l'inequità l'origine dei mali, è il peccato che enfatizza l'avidità, l'egoismo e l'indifferenza dell'uomo e lo porta a mal comportarsi. È la miseria morale a provocare la miseria materiale, non il contrario. È il cuore dell'uomo che va cambiato, non gli strumenti e ciò è compito della Chiesa che ha tre strumenti per riuscirci: il magistero, la preghiera, i Sacramenti.

Famiglia

In questo nostro ragionare di economia mi viene naturale proporle anche il tema della famiglia. Ma non perché, come direbbe lei, vivo di paghette dei miei genitori. Ma perché da quanto lei dice la vera svolta in questa strana fase dell'economia europea avverrebbe se l'istituto familiare tornasse a compattarsi e a sfornare figli. Intanto fin qui ho seguito il suo pensiero?

Vediamo se riesco a far arrabbiare qualche vescovo leccacalzini difendendo la famiglia, come va difesa. Se volessi sintetizzare il valore della famiglia, direi che è indispensabile per il rafforzamento della fede cattolica, fondamentale per la crescita economica, unica per la crescita educativa e culturale, straordinaria per la soluzione dei momenti di crisi, almeno per l'assistenza ai figli e ai vecchi. Ma è anche spietatamente la massima opposizione alle eresie, proprio perché rifiuta l'omogeneizzazione culturale. In casa si educa, si coltivano i principi, i valori, la verità, la tradizione. Cercherò ancora di proporre al lettore ragioni per non cedere la gestione della famiglia al "nulla gnostico". Senza famiglia diminuisce l'occupazione, crolla l'economia, si consuma e si danneggia l'ambiente, non si risparmia, non si investe, crolla la competitività, non si ha stimolo a produrre e guadagnare di più. Senza famiglia crescono i costi sociali, le tasse, diminuiscono i redditi e l'8 per mille alla Cei. Senza famiglia non si mantengono i vecchi e si porta a considerare la vita indegna di

esser vissuta, cercando così l'eutanasia volontaria e ponendo fine alla dignità dell'uomo creatura di Dio. Senza famiglia finisce la civiltà di un mondo, di una nazione che perde la leadership, impoverisce economicamente e civilmente. Senza famiglia il riscaldamento globale va alle stelle.
Se volete capire di più, riflettete: chi non difende più la famiglia come dovrebbe?
In "Mater et Magistra" (1961), san Giovanni XXIII, riferendosi all'economia della famiglia, nel capitolo 1, ricorda che la libertà economica e la proprietà privata garantiscono la libertà della famiglia che deve "generare figli, educarli e reggerli". Nel capitolo 2 affronta il problema demografico e da vero profeta prevede il neomalthusianesimo e le sue conseguenze, spiegando che: "la soluzione è solo nello sviluppo economico e progresso sociale che rispettino i valori umani"

Proprietà privata, cita. Persino questo papa lascia intendere che finché non ci saranno limiti adeguati a detta proprietà privata non si potranno mai realizzare equi criteri distributivi e la diseguaglianza non sparirà.
Io sono convinto che la "diseguaglianza" (quante cose si potrebbero dire di politicamente scorretto su questo termine!) non scomparirà se non scomparirà l'avidità, l'egoismo, l'indifferenza al prossimo. Tutti vizi che possono esser vinti con altrettante virtù, che possono esser acquisite grazie alla fede, vissuta, con opere. Perciò quella cattolica. Io potrei distribuire tutte le ricchezze del mondo in modo equo, pro capite come si dice, in breve si

tornerebbe al diseguale possesso o proprietà dei beni. È l'uomo che va cambiato, non le leggi economiche. Anche San Tommaso Moro pensava che i beni in comune, perciò la fine della proprietà privata, fossero una sciocchezza. Se ciò avvenisse, pensava il saggio santo, ex Cancelliere di Enrico VIII che poi lo decapiterà, nessuno si occuperebbe di produrre, tutti aspetterebbero che lo facessero altri.

Adesso però non vado oltre se non ci dice qualcosa di politicamente scorretto sul tema della disuguaglianza.
Calma, il termine disuguaglianza deve esser inteso in due momenti. C'è una disuguaglianza, da correggere, di opportunità e c'è una disuguaglianza nei risultati, che va ben intesa. Per il bene comune tutti dovrebbero avere opportunità, ma non tutti le colgono nello stesso modo. Se imponessi uguaglianza nella partenza e nell'arrivo non correrebbe più nessuno. Poi c'è però un punto chiave su cui fare considerazioni. Qualcuno può essere sfortunato pur essendosi impegnato a fondo, ecco la solidarietà che entra in gioco. C'è chi non è capace di esprimersi in termini di risultati da cogliere e va compreso ed aiutato. C'è poi anche un valore di disuguaglianza da non sottovalutare: quello di emulazione-aspirazione, più o meno competitiva.

Alla fine quindi è la vita ad essere ingiusta...
Ecco un punto piuttosto delicato la cui condivisione è molto più legata alle esperienze personali che alle

capacità personali o aspirazioni. Noi siamo quello che la nostra natura ha stabilito e ci sentiamo però sempre meno compensati da quello che pretenderemmo essere. Normalmente accusiamo la natura di essere stata ingiusta, poi accusiamo i nostri simili e lo Stato che dovrebbe correggere la natura. È certo che un attore famoso o una cantante famosa guadagnino in una sera o in un film quello che una persona ordinaria guadagna in una vita. So what? Perché essere gelosi o invidiosi? A che pro? Non si vada a vederlo al cinema o sentirla cantare, se proprio non si sopporta questa "ingiustizia". Ho un fraterno amico scrittore. A volte lamenta che gli scrittori non guadagnano come i banchieri. Rispondo che i banchieri non hanno la fortuna, unica, però di essere scrittori e di essere in un "paradiso" già sulla terra e di guadagnare tanti altri superiori compensi per il fatto di esserlo, di esserlo in modo da creare valore ai loro lettori, intendo.

Ci consoleremo così, mentre lei conta i soldi. Quale altro importante economista ha confermato in modo convincente la tesi sulla proprietà privata?
Secondo me Ludwig von Mises, che difende la proprietà privata quale base per sviluppare iniziative private e per difendersi dall'ingerenza dello Stato. In pratica, correttissimamente, vedeva nella proprietà privata la forza del singolo e la difesa delle sua aspirazioni, materiali e spirituali.

Anche Adam Smith, se non erro scrisse qualcosa a conferma, no?
Certo, scrisse che "non è dalla benevolenza del

macellaio, del birraio o del fornaio, che ci aspettiamo il nostro pranzo, ma dal fatto che essi si hanno cura del proprio interesse".

Non solo la proprietà privata, ma anche la famiglia come istituzione è sotto attacco, insomma. Visto che alla fine è tutta solo una sporca questione di soldi, chi ci guadagna veramente da questi nuovi assetti?
Facile, sempre lui, il demonietto, quello che si è pensionato (vedi nostro libro precedente "Un mestiere del diavolo"), chi vuole sostituire l'importazione di prodotti energetici con il naturale riscaldamento globale, alleato implicito degli ambientalisti. Così si risparmia sulla bolletta energetica per riscaldarsi, ma cresce quella per rinfrescarci con condizionatori, poiché il caldo durerà tutto l'anno e crescerà il riscaldamento globale.
Ora parliamo meno "sul serio", ma verrà accreditato da tutti come "più sul serio". La famiglia crea ricchezza, ma questo mondo vuole la decrescita economica neomalthusiana e ambientalista. I figli sporcano, i cani no. Così si sono create le condizioni per ritardare la nascita di famiglie, o cancellarne persino lo spirito, rendendo economicamente difficile realizzarle, agendo su due fattori: i redditi, diminuendoli, i costi, aumentandoli. Così si impone alle giovani volterose coppie la domanda senza risposta: nasce prima l'uovo o la gallina? Cioè si deve esser ricchi per fare famiglia o si diventa ricchi facendo famiglia? Ecco, avendo esperienza di reazioni a

questa domanda, la considero quasi un test d'intelligenza.
Nel 19 febbraio 2016 il presidente dell'associazione difesa consumatori Codacons, Carlo Rienzi, se ne esce con al seguente considerazione: "Il crollo delle nascite è dovuto alla crisi economica". Chissà come lo ha capito, io penso esattamente il contrario: la crisi economica è dovuta al crollo delle nascite.

A me continua a rimanere misterioso quale sarebbe il meccanismo per cui il mio reddito domani aumenterebbe se stanotte mettessi incinta una (sventurata) donzella. Me lo spiega una volta per tutte?
Ironicamente, ma se lo merita, il suo reddito aumenterebbe se la donzella fosse una ereditiera e fosse sventurata solo essendo stata messa incinta da lei.
Più realisticamente glielo spiego, ma stia attento per favore, speravo lo avesse già inteso quando scrivemmo "Un mestiere del diavolo". Allora, rifletta, come può crescere il PIL, la ricchezza prodotta in un sistema economico, in una regione, in un paese, se la popolazione non cresce? Se addirittura decresce? La popolazione poi non cresce se ogni coppia facesse due figli, che significano tasso di sostituzione. In pratica se lei non si affretta a trovar moglie e fare figli, lei concorre all'impoverimento dell'umanità. Se non facesse figli e rappresentasse il campione di comportamento generale, la popolazione sarebbe destinata ad estinguersi, tipo eresia catara-albigese. Se facesse un figlio, la popolazione, sempre considerandola un

campione di comportamento, si ridurrebbe alla metà. Se facesse due figli, secondo la stessa logica, sostituirebbe sé stesso e la (sventurata) donzella, cioè crescita zero. Oltre i due figli a coppia c'è crescita della popolazione e crescita economica sostenibile e non consumistica. Il principio della crescita della natalità per far crescer il PIL è un principio macroeconomico. Se lei mettesse incinta la famosa sventurata donzella e basta, il problema è solo del babbo della donzella. Se il padre fosse un poveraccio, lei dovrà solo mantenere donzella e figlio, scribacchiando libretti su Casanova. Se fosse un riccone, il suo reddito crescerebbe solo se detto babbo si affezionasse al pupo, perdonasse la donzella e si impegnasse a far vendere fra i suoi amici i suoi libri su Casanova.

Quindi perché far famiglia significasse far soldi servirebbe un processo che coinvolge un intero popolo. Ma lei sa meglio di me che la storia non torna indietro. E quelle belle famiglie con la moglie amorevole a casa ad aspettare il marito non sono più riproponibili. Quindi che sviluppo potrebbe vedere per una famiglia equilibrata nel presente?
Facile anche questa risposta: lo sviluppo della famiglia nel presente e sempre più nel futuro vede il maschietto, il maritino, che aspetta lui amorevolmente la moglie a casa, prepara la cenetta, alleva i bimbi e toglie le ragnatele. Questa sì che sarà le vera grande conquista maschile verso la donna che da sempre, dalla preistoria, ci "sfrutta ", mandandoci fuori dalla grotta a far fuori il bisonte

mentre lei sta davanti al fuoco. Poi ci ha mandato a fare le guerre in trincea mentre lei faceva la crocerossina. Ora basta! La vittoria dei maschietti è finalmente vicina, ora andranno loro a lavorare e noi maschietti staremo a casa in amorevole attesa.

Personalmente, da uomo, se immagino l'inferno lo immagino precisamente come lei lo ha appena descritto. Per lei questo è il paradiso?
Ma va là. Questo è uno degli inferni di cui abbiamo parlato nel libro "Il mestiere del diavolo". Mi sa che dobbiamo pensare al "Mestiere del Diavolo II", in cui descriviamo tutte le pene che ci sta imponendo in questo secolo. Potremmo pensare, con grande umiltà, di riscrivere un inferno dantesco del XXI secolo, dove parliamo di politici, scienziati, economisti, banchieri, preti, femministe. Che ne dice?

Affare fatto. E prendendo al balzo ciò che cita, non si può non notare che la vera rivoluzione del mondo è stata quella femminista. Oggi comandano le donne, in famiglia come nella società, come accennava. In che modo secondo lei questo ha influenzato l'economia?
Se lo spiegassi, coi tempi che corrono, mi arresterebbero. Cambi domanda. Ma la tentazione di rispondere come nella domanda precedente è forte. Non è vero! La vera rivoluzione l'abbiamo fatta noi mandandole a lavorare. Sull'illusione di comandare si potrebbero scrivere libri. Le donne comandavano prima, quando l'uomo si affannava a lavorare per produrre o dominare, ma per riflettere

e capire il senso della vita e le cose importanti realmente, aveva bisogno della donna. Che dominava, facendo faticare il maschietto. Oggi si produrrà il contrario esatto. Ma deve essere dimostrato ancora, questo è il problema. E se l'uomo dimostrasse di non saper riflettere e capire il senso della vita e le cose realmente importanti?
Come il femminismo ha influenzato l'economia? Ripeto, se lo scrivessi mi arresterebbero. Anche perché sarei costretto a dire che anch'io sono deluso delle incapacità del maschietto, ma non credo il problema sia di sesso, piuttosto sia di cultura, sapienza, saggezza, maturità. Che nichilista sia l'uomo o la donna, poca differenza fa no? Come l'economia ha invece influenzato il femminismo è forse più interessante. Ma ci vuole spazio tempo e pazienza per cercare di dare una interpretazione, anche qui vale il ritornello dell'uovo e gallina: è il femminismo che ha influenzato l'economia o è l'economia che ha influenzato il femminismo? Ma la stessa domanda-risposta vale per la politica, la cultura, i costumi.

E qual è la risposta?
È la gnosi, la grande sconosciuta. Se scriviamo "un mestiere del diavolo II" prometto che approfondiamo cos'è gnosi e il rapporto gnosi/Genesi. Capirà le delizie culturali-intellettuali di alcune ministre della nostra storia politica recente.

Ricchi e poveri

Perché una bistecca nel principato di Monaco costa 100 euro, mentre sotto casa mia ne costa 11?
Non me lo faccia dire altrimenti se vado a Monaco mi arrestano.

Non ci vada e me lo spieghi.
Perché la persona più povera che risiede a Monaco – non chi fa il cameriere e vive in località povere nel retroterra – guadagna 10 volte quello che guadagna lei e conseguentemente ha il potere di acquisto 10 volte superiore. Ma il "povero" macellaio di Monaco probabilmente paga un affitto di 10 volte superiore all'affitto che paga il macellaio sotto casa sua. E così via. Perché ciò avviene? Forse perché il Principe è proprietario delle case di Monaco e stabilisce i prezzi? Forse perché non vuole "straccioncelli" come lei che vanno a Monaco solo per cercare una moglie ricca e andare al Casinò non disposto a perdere almeno 10mila euro a sera? Così tiene i prezzi alti su ogni bene e come direbbe Totò, gli altri si arrangiassero.

E se le dicessi che non mi dispiace mica tanto come politica?
Gliel'ho già spiegato, mi pare: non sta in piedi.

Però intanto lì di Ferrari ce ne sono parecchie. E comunque non continui a condannarmi ad una moglie ricca. Sappiamo entrambi che è un costo, non un introito.

Questa non la capisco. Perché una moglie ricca dovrebbe pretendere, dopo averla sposata, di essere mantenuta ad un livello di vita equivalente, da uno squattrinato che sa benissimo che l'ha sposata per essere lui mantenuto? Semmai potrebbe diventare un costo per il quasi certo divorzio. Ne parli con la sua amica e mia figlia, Daria, che è avvocato matrimonialista.

Ma quanti soldi servono per potersi dire "ricchi"?
Un euro in più di quanto si ritiene avere come necessario per non sentirsi poveri.

E quanti ne servono perché gli altri ci considerino ricchi?
Dipende da quanti euro possiedono "gli altri". Ma dipende anche da quanti debiti riesce a fare per esibire simboli di ricchezza che destino invidia negli altri.

Quali sono i pensieri che guidano un ricco e quali quelli che guidano un povero?
Essere ricco o povero forse non è così discriminante, ci sono poveri avidi egoisti, invidiosi di chi ha qualcosa. Ci sono ricchi che vivono distaccati, come fossero poveri. Il pensiero che dovrebbe guidare un povero potrebbe essere "come vorrei continuare ad esser povero (in spirito) essendo però ricco di sostanze". E il pensiero che dovrebbe guidare un ricco potrebbe essere "spero di poter diventare più ricco per vivere distaccato più da povero ma fare maggiormente bene ai poveri".

Questi sono pensieri da ricco.
Sì certo, di un ricco di virtù, però.

Ci vuole svelare qualcosa della sua esperienza? Con quali pensieri è arrivato lì dov'è?
Facendo gli esercizi spirituali di Sant'Ignazio di Loyola.

Ecco perché tutto gira intorno al Papa... Solo che li ho fatti anche io ma non presiedo nessun istituto bancario.
Sì ma chi le assicura che chi gira intorno al Papa abbia fatto gli esercizi? Io non ci giurerei.

Chi è la persona più ricca che ha mai conosciuto? E come ha guadagnato tutti quei soldi?
È un segreto che può capire solo guardando un film di Frank Capra, "La vita è meravigliosa". Attenzione alla conclusione del film come viene definito Bailey, il protagonista.

Lei sa benissimo che non lo guarderò. Sia meno esoterico e mi faccia un nome.
Ma quale esoterico, per esoterico intende misterioso vero? Perché potrebbe voler anche sottintendere che sono un "iniziato" a qualche dottrina di alchimisti alla Paracelso che producevano oro dal fango. No, voglio dirle di vedere il film di Capra perché il protagonista alla fine del film viene definito "l'uomo più ricco della città", solo perché aveva amici che gli volevano bene. Io ho conosciuto nella mia vita professionale tanti uomini ricchi e anche molto ricchi, ma ho

avuto la fortuna di frequentare solo quelli che avevano ben guadagnato i soldi che avevano. Non ho mai frequentato lestofanti.

Chi trova un amico trova un tesoro insomma. Solo che poi la Ferrari chi la paga?
Dopo un mio consiglio evangelico lei la Ferrari non la sogna più, sogna la vita eterna.

Quale consiglio?
Mi sa che lei sia in uno stadio dove auspica di essere ricco "fine a se stesso", cioè per poter soddisfare la "panza", vero?

Pensavo che la cosa fosse quantomai chiara sin dalla prima riga di questa nostra chiacchierata. Tutti abbiamo paura di diventare poveri. Ci svela un segreto per non arrivarci mai?
Semplice, vivendo da povero pur essendo ricco.

Al di là di tutto il resto qualcosa ho capito. Per esempio che chi sa fare i soldi non viene a spiegare a me come diventare un suo concorrente.
Ecco un errore, diventerebbe invece un amico solidale, nel cercar di non farsi tassare la ricchezza.

Allora alla fine di questa nostra chiacchierata le svelo la verità: detesto le automobili. Non ne ho mai posseduta una e l'ultima ambizione che vorrei mettere nella faretra dei miei desideri è quella di avere una Ferrari. Anzi, spero mi perdonerà se le dico che trovo pacchiani tutti quelli che fanno qualcosa solo per mostrare agli altri che hanno

qualche euro da ostentare. In più detesto proprio guidare e quindi non mi metterei mai nelle condizioni di doverlo fare. Quindi è più facile che un cammello passi per la cruna dell'ago di una donna emancipata che mi sistema i calzini, che lei mi veda guidare una Ferrari. Ma spero perdonerà questa piccola finzione, con cui mi sono guadagnato i suoi rimbrotti e i suoi sfottò. Era il modo più veloce per stimolare, al di là degli schemi convenzionali, le sue genuine emozioni ed i suoi preziosi pensieri, che ora sono diventati di dominio pubblico. La ringrazio.
Detesta guidare? suggerisco l'autista.

Certo. Che pagherò con i diritti d'autore di questo libro.

www.ingramcontent.com/pod-product-compliance
Lightning Source LLC
Chambersburg PA
CBHW020924180526
45163CB00007B/2872